用减法教语文

于晓冰

————

著

长江出版传媒　长江文艺出版社

图书在版编目（CIP）数据

用减法教语文 / 于晓冰著. -- 武汉：长江文艺出
版社，2023.11
　（大教育书系）
　ISBN 978-7-5702-3310-6

　Ⅰ. ①用… Ⅱ. ①于… Ⅲ. ①中学语文课－教学研究
－初中 Ⅳ. ①G633.302

中国国家版本馆 CIP 数据核字(2023)第 158491 号

用减法教语文
YONG JIANFA JIAO YUWEN

责任编辑：施柳柳　梅若冰　　　　　责任校对：毛季慧
封面设计：天行健设计　　　　　　　责任印制：邱　莉　杨　帆

出版：长江出版传媒　　长江文艺出版社
地址：武汉市雄楚大街 268 号　　　　邮编：430070
发行：长江文艺出版社
http://www.cjlap.com
印刷：武汉市首壹印务有限公司

开本：710 毫米×970 毫米　　1/16　　　印张：16.75
版次：2023 年 11 月第 1 版　　　　　2023 年 11 月第 1 次印刷
字数：256 千字

定价：48.00 元

目　录

第一章

课堂内外，为能力做加法

语文备考，给学生做减法

我的减法教育观

第四章

教语文真难，教语文真好

教语文真难！难到一言难尽。

古人用"三"代表多，所以，我就按照传统说三个"难"。

首先，教语文门槛很低。

每年中、高考结束，作文从来都是被关注的焦点，不但被关注，而且被议论，好像每个人都很专业，都能够点评一下。但其他的学科，则没有这个"优待"。究其原因，大约其他学科不会就是不会，不懂就是不懂，但语文则没有这个问题，仿佛人人都会，人人都懂。

语文课最常成为开放课，听课的有不同学科背景的老师、领导和家长，听完之后，每个人都能点评几句。但其他学科，则没有这个"优待"。原因同上。

其次，语文收益很差。

大多数学科，做一道题有一道题的收获。语文却常常是做了很多题，还不能很有把握地说真的具备了某种能力。其他学科的"考试说明"，虽然看着内容很多，但抓手很明确，落实一个是一个，语文学科的"考试说明"很简单，就那么一两页纸，却仿佛是苦海无边，仅仅一条"考查3500个常用字以及由此衍生的音形义"，就足够让很多学生头大。

学生觉得努力了半天，好像也没提高多少，放下相当长一段时间，好像也没差到哪里去。努力学习，收益却不明显，谁还愿意费那个气力呢？而且，语文常常也出现教和不教差不多的尴尬场景。

再次，语文老师又苦又累。

其他学科老师，如果非常用心，三五年时间，可以对引导学生备考很有把握，因为一是一，二是二，清楚得很。语文老师则不同，即使非常用心，不要说三年五年，就是十年八年也不一定敢拍着胸脯说自己对引导学生备考很有把握，因为内容实在是太庞杂了。

语文考试通常都是第一科考，但阅卷总是最后一个结束，等到最后考的一科都判完卷子了，语文卷子还没判完。不是语文老师不努力，而是语文阅卷常常需要加班加点，因为需要批改的内容实在太多。有些学科，一道题的答案不过就是一个数字，非常明确，但语文学科常常是一句话甚至一段话，而且还有多种表达方式需要推敲，常常处于模棱两可之间，就更不用说八百一千字的作文，需要费心费力、字斟句酌才能给一个合适的分数了。

此外，很多人觉得语文老师的门槛甚低，教学方法也极为简单，如果学生写错字了，那就让他抄三遍；三遍不行，就五遍，五遍不行就十遍，再不行就一百遍。如果语文老师是交警，抓到违章，会把"罚款"改为"罚抄"——这个段子流传得太广了。

"全则必缺，极则必反。"虽然教语文有千难万难，但是，教语文也真好。

这个"好"也不是三言两语就可以说尽，我依然说"三"个，以"三"来代表多。

首先，语文基础性最强。

因为语文基础性最强，所以给人以门槛很低的错觉。没有任何一个学科的学习不需要语文，语文是所有学科的基础。语文都学不好，其他科目想要学好也不大现实。仅从考试而言，如果语文学不好，连最基本的审题都不过关，那怎么可能考得好呢?

万丈高楼平地起,基础不牢,地动山摇。语文是"日用而不知",就像是空气、水和阳光一样,没人觉得它们重要,可一旦缺了它们,却发现那是很要命的事情。因为基础性最强,所以,在脑子最清楚的人那里,语文应该受到最高度的重视。

其次,语文涵盖范围最广。

语文包罗万象,语文课能够关联的材料实在太多太多。凡是有语言的地方,凡是有文字的地方,无处不是语文学习的好资源。语文老师上课太自在了,"世事洞明皆学问,人情练达即文章","风声雨声读书声声声入耳,家事国事天下事事事关心"。

单从考试成绩提高不易来看,当然会觉得语文学习的收益很差。但语文学习的收益,绝对不仅仅体现在语文考试成绩上,更体现在日常生活学习的方方面面。每个方面都有可能会因为语文学得好,而获得更大的促进,从这个角度来看语文学习的收益,就不再是很差,而是好到了不可思议的程度。

一位优秀的语文老师,要上知天文下知地理,要是一个杂家,才有可能在引导学生语文学习方面发挥更大的作用。也正因为如此,一个有追求的语文老师,最不容易患上职业倦怠,因为他要探寻的未知领域完全没有边界。

再次,语文老师最不可或缺。

一位优秀的语文老师,他教给学生的,不仅仅是认识一个又一个字,也不仅仅是让学生把那些字当成工具,而是要能发现汉字之美,发现这些汉字承载的不仅仅是信息,更是丰富灿烂的文化。

一位优秀的语文老师,他教给学生的不仅仅是读一篇又一篇文章,也不仅仅是读一本又一本书,更不是看一个又一个短视频,而是要通过这一篇又一篇文章、一本又一本书,在没有所谓"标准答案"的情况下,提升学生的表达能力,提升他们的逻辑思维能力。

一位优秀的语文老师,会帮助学生"打下精神的底子"。"我是谁?我从哪里来?我要到哪里去?"每个学生都有自己的答案,但语文老师不厌其烦,带着他们思考了一遍又一遍，每一遍的答案都不同。语文老师对学生的"三观"影响最大，一个人的一生，会遇到许多老师，但语文老师会更频繁地出现在他的回忆中。

正因为教语文真难，所以干起来才充满挑战，才充满趣味。虽然路途坎坷，但我甘之如饴。如果我下辈子还当老师，我还会义无反顾地选择做语文老师，还会觉得，教语文，真好。

第一章

语文的"减法教学"

语文学习中的"输入"与"输出"

"老师，我读不懂阅读理解题怎么办？"

"老师，我的作文总是不会写怎么办？"

"老师，我家孩子语文总是考不好怎么办？"

语文老师经常会遇到这一类问题。提问者总是希望老师能指出一条光明大道，能立竿见影，但实际上终南捷径并不存在。要解决这些问题，务必要明白语文学习中非常重要的一对概念——"输入"与"输出"。

读不懂、不会写、考不好等，都是输出的问题，是输出上遇到了阻碍，但输出中的问题，不能只在输出中去找，要从源头，也就是输入这一点上多去琢磨一下。

各位不妨先听一个笑话，从这个笑话入手，琢磨一下"输入"与"输出"这对概念的关系。

从前，有一个秀才，本身不学无术，但喜欢吹牛，非要给自己树立才高八斗、学富五车的人设。

终于有这么一天，有人说："既然你这么有才，那请你帮我写一篇文章吧。"结果麻烦来了，只见这秀才一整天躲在屋子里，唉声叹气，踱来踱去，因为他实在写不出来。

不只是他自己烦恼，连他的夫人也烦恼。夫人看着他这个样子，忍不住怼了他一句："你瞧瞧你，让你写一篇文章，比让我生个孩子还费劲儿呢。"

"夫人有所不知，你能生孩子，那是因为肚子里头有孩子，我写不出文章来，是因为肚子里头没有文章啊。"

这秀才在人设崩塌之际，终于说了一句实话。这句实话也正生动地说明了输入和输出的关系：没有输入就不会有输出。所以看似是输出的问题，但问题的根源却在输入。

当然，具体到语文学习，值得深入考虑的问题很多，比如输入什么、输入多少、如何输入等，同样，输出也存在相似的问题。

从输入数量上而言，当然是韩信点兵，多多益善。但毕竟一个人的时间精力都有限，不能眉毛胡子一把抓，要在有限的时间、有限的精力之下，选择输入一些更高质量的东西，也就是既要有泛读，更要有精读。

对于值得精读的那些内容，尤其要在输入上下功夫，要"日知其所亡，月无忘其所能"，不能狗熊掰棒子，掰一穗丢一穗。否则，只是看似有输入，但这个输入是虚假的，是不牢靠的。

最经典的内容，要记在头脑中，要能随需随取，随取随用。

清代学者章学诚说："记诵，乃学问之舟车。"从此地到彼地，需要交通工具。从没有学问到有学问，从学问浅到学问深，需要的交通工具是什么？记诵。

现在语文学习虽然也强调对经典内容要背诵，但常常是任务驱动型的，既有极强的时间限制，又有极强的功利需求。这种背诵，因为是死记硬背，带给人的心理感受常常不是愉悦，而是烦恼。大脑常常会主动忘掉那些痛苦的记忆，因此学生看似短时间记住了很多东西，但时间一长，就全部都被格式化了，留存下来的很少。

"死记硬背"是错误的输入方式，而对经典的最好输入方式是"熟读成诵"。

朱熹有言："（凡读书）须要读得字字响亮，不可误一字，不可少一字，不可多一字，不可倒一字，不可牵强暗记，只是要多诵数遍，自然上口，久远不忘。古人云：'读书百遍，其义自见。'谓读得熟，则不待解说，自晓其义也。"

仅仅有了"熟读成诵"的输入还远远不够,还要有"深求玩味"的输出,要不然记诵再多的东西也没用,只是行走着的"两脚书橱"而已。

如何"深求玩味"?就是要在熟读成诵的基础上,因为各种机缘的激发,能够把存储在头脑中的东西拿出来不断揣摩,反复咀嚼,在温故的基础上做到知新。

比如,在春雨连绵的季节里,如果你记得朱自清的名篇《春》中写春雨的片段,就可以拿出来品味一下,咀嚼一下:

"雨是最寻常的,一下就是三两天。可别恼。看,像牛毛,像花针,像细丝,密密地斜织着,人家屋顶上全笼着一层薄烟。"

我们最初读这样的文字,或者老师带着学习的时候,关注的焦点常常是"像牛毛,像花针,像细丝"这样的比喻。这样的比喻确实精妙,像牛毛写出了春雨的细密,像花针写出了春雨在光线照耀下的闪亮,像细丝写出了春雨在微风中的轻柔,三位一体,从多个角度完成了对春雨整体特点的描绘。

但是,当我在反复揣摩这句话时,关注的焦点就不是放在"像牛毛,像花针,像细丝"这个比喻上了,而是放在"可别恼"和"看"这两个看起来很不起眼,很容易被忽视的词语上了。

"可别恼"是对谁说的呢?显然,是作者心目中的读者。为什么他要说"可别恼"呢?因为"雨是最寻常的,一下就是三两天",对最寻常的事物,可能会熟视无睹,习焉不察,但如果这最寻常的事物过度了,也会让人产生厌倦之感。而"一下就是三两天"显然有点儿过度,一个心思细腻的读者自然会有一点厌烦之感生发出来。这时候作者一句"可别恼",一下子戳中了读者的心理,让读者想一想,为什么"可别恼",又接着兴味盎然地读下去了。显然,这里"可别恼"三个字在相当程度上起到了激发读者阅读兴趣的作用。

再看"看"这一个字。如果去掉"看",直接说"这春雨像牛毛,像花针,像细丝",可以吗?是不是感觉少了些什么?到底少了什么呢?是读者的代入感。一个"看"字,就令读者仿佛眼前显现了那样一个景致,仿佛作者正在把那景致指点给你看呢。而少了这个"看"字,这种代入感就消失了,反而产生了一种强烈的疏离感，共情的效果也就不那么明显了。

"可别恼""看"这样的看似平平常常的词，在这样的深求玩味中，又有了新的意思，从中又发现了新的趣味。原来，写作不能只是一门心思埋头写下去，作者不能光想着自己怎么想，还要想着读者怎么想，要和心中的那个读者有互动，这样的文章才有味道，才值得揣摩。

又比如，在杜甫的《春夜喜雨》中，有这样两句：

"随风潜入夜，润物细无声。"

这里的"潜"字用得很妙，是偷偷地、悄悄地，正和后面一句中的"无声"相呼应。这是简单读一读就能感受得到的。但如果把这句诗和朱自清写春雨的那段话对比起来琢磨，会发现，原来它们既有共同点，又有不同点。

它们的共同点就是都写出了春雨润物无声的特点；不同点是杜甫偏重于从听觉角度来写，而朱自清偏重于从视觉角度来写。为什么会有这样的差别？因为杜甫写的是夜晚的春雨，而朱自清则写的是白天的春雨。

这样的深求玩味给了我们怎样的启发？那就是同一个事物，在不同时间、不同环境之中，既有共性，又有差异。我们在写作时，既要关注共性，又要写出差异，而且，还要尝试着调动不同的感官，这样才能给读者更深的感受。

以上这些思考，对写文章都有莫大的帮助。这种"深求玩味"是一种具体的阅读实践，是任何口传心授都代替不了的。

当然，这样的深求玩味，都要建立在熟读成诵的基础上。如果不能对最经典的东西熟读成诵，那么，即使有了特定机缘的触发，也无法在头脑中随时随地地把这些内容取出来，重新搭接、重新认识，也更难以挖掘得更为深入，从而收获更多乐趣。

对于"输入"与"输出"，如果要简单概括它们的关系，我的意见是"多输入，慢输出"，其实也就是苏轼所说的："博观而约取，厚积而薄发。"

查阅工具书，需用"五步法"

一

在讲鲁迅的《从百草园到三味书屋》时，谈到"三味"，我讲到前人关于"三味"有这么个说法：

"读经味如 dàoliáng（稻粱），读史味如 yáozhuàn（肴馔），读诸子百家味如 xīhǎi（醯醢）。"

我故意把三个关键词空出来，用拼音标注，让学生查字典、词典把这几个词填上。

当几个学生把这几个词写到黑板上之后，我再组织全体同学来确认这几个词书写是否正确，说明为什么选这个字形（词形）而不选那个，其字义词的依据、语境的依据、字源的依据分别是什么。

本来能直接讲，却偏偏不直接讲。之所以要费尽周折，实际上我是要有意识地培养学生使用工具书的习惯和能力。

在我的课堂上，《现代汉语词典》和《古汉语常用字字典》是必备的两本工具书，学生在听课时，使用工具书需要做到"拳不离手、曲不离口"，要能根据需要随时翻查。

可能有人觉得这样做意义不大，部首查字法、音序查字法在小学一、二年级就会了，没有任何必要放在初中的课堂上来训练。而且，老师直接讲不是更快更好吗？干吗大费周章，花费那么多的时间让学生查阅和使用工具书呢？甚至我在要求学生配齐一些基本的工具书时，还遇到有学生家长拒绝给孩子购买，告诉孩子直接到图书馆或者别的同学那里借一本就行了，又不是经常用，买了没有必要；给孩子买各种辅导书、各种练习册时却一堆一堆、一捆一捆地搬到家里来。

可见，不买这些工具书，是因为这些家长从心理上没有意识到工具书的重要作用。

那学会使用工具书到底有什么作用呢？

我们都特别熟悉这样一句古话："授人以鱼，不如授人以渔。"培养学生使用工具书的意识和能力，正是从学生发展的角度"授人以渔"的过程。

在《义务教育语文课程标准（2022年版）》中，不同学段都有非常明确的培养学生使用工具书的相关规定。哪怕每周再多十节八节课，我们老师能给学生讲的知识技能也总是非常有限。我们更要告诉学生解决问题的思路和方法，更要培养他们主动探究的意识，不能一直背着抱着他们走，而是要扶上马带一程，剩下的路要学生自己去走，老师只是给指明了一个方向，养成了一种能力而已。

教会学生使用工具书，就像教会农民使用锄头、工人使用扳手、战士使用枪支一样重要。

一定意义上来说，通过培养学生主动自觉使用工具书的意识和能力，从而真正引导他们养成自主探究的意识和能力，这对学生未来的可持续发展而言，比现阶段教给他们掌握多少知识和技能都更重要。

二

虽然使用工具书很重要，但也不是说遇到任何不懂的字词都要立刻就动手翻查工具书。这涉及时、量、度三个方面的问题。

先说"时"的问题。

我们阅读一本很迷人的作品时，是不是每遇到一个不懂的字词，立刻就停下来，开始翻查工具书，直到把这个字词搞清楚搞明白，才重新开始阅读呢？

大多数人的一般选择一定不是这样，常常是跳过去接着读。这样的处理方式是有道理的，如果遇到一个不懂的字词立刻就去翻查工具书，很有可能打乱了阅读的节奏，一口气儿断掉了，阅读的愉悦感也随之大幅降低，有一点儿得不偿失。

比如，读《三国演义》，看到一个人物出场，这个人叫荀彧，你读成"荀或"没关系，甚至有一些孩子读成了"苟或"，也不是太大的问题。因为从上下文可以很清楚地想到，这只是一个人名而已。

翻查工具书的时间可以选择在阅读结束之后，而不是阅读过程之中。当然，也不是必定如此，如果那个字词极为关键，不懂就影响接下来的阅读，那当然要马上去查一查。

"时"的问题弄清楚之后，接下来就是"量"的问题。

是不是所有不懂的字词都要逐个查一查呢？也不是的。如果所阅读的材料里有大量不懂的字词，那恐怕也很难读得下去，所以每个人要在阅读中找感觉，感觉一下那个材料是否与自己的阅读水平或者说阅读层次相匹配，太高或者太低都不大合适，借用一句教育上常用的话来说，那就是要"跳一跳，才能够得到"的难度。

我的意见是，从"量"的角度而言，不要贪多求全。不要想着打大规模的歼灭战，而应该是游击战，各个击破。除非有极强的毅力，否则很少有人能够一次连续翻查十几个甚至几十个字词。而且，即使能做到，从记忆和理解的角度，也很难很好地消化掉。

每一次阅读之后，都动手翻查工具书，解决那么一两个最多三四个关键字词就足够了。不要小看每次只查这有限的几个字词，如果能长期坚持，则可聚沙成塔、集腋成裘，效果会非常惊人。

解决了"时"与"量"的问题，最后才是"度"的问题。

简言之，查一个字词，不能仅仅停留在知道读音、知道简单的意思这个层次上，那只能算是知其然。还要知其所以然，不仅仅要知道"来龙"，更要抓住"去脉"，也就是要在力所能及的范围内尽可能查得更彻底一些，弄得更清楚一些。

时、量、度三个关键词搞清楚之后，接下来就是查字典或使用工具书的步骤问题了。千万不要以为会了音序或者部首查字法，就叫会查字典了。不，那差得远着呢！

三

从有效甚至高效查阅工具书的角度来说，一般应该有以下这样五个步骤。

1. 先调动阅读储备和阅读能力，结合语境来推测。

2. 在工具书中查到相应的字词，阅读全部的义项。

3. 一边阅读义项，一边判断之前的推测是否准确。

4. 与该字词相关的衍生内容，有必要进一步关注。

5. 将所查找的内容加入到阅读储备之中积累起来。

一般我们在阅读文言文时，经常会遇到一些不懂的生字生词，所以为简明起见，我就举文言文阅读中的一个例子，来说明在使用工具书的过程中如何实施这"五步法"。

在《曹刿论战》这篇经典文言文中，有这样几句话：

公曰："牺牲玉帛，弗敢加也，必以信。"对曰："小信未孚，神弗福也。"

这段话中的"孚"是什么意思呢？如果你不知道，要怎么办呢？

这时候，不要想着马上看注释或者查字典，应该调动自己已有的阅读储备和阅读能力，并结合上下文，也就是具体语境对其含义进行推测。

鲁庄公和曹刿的对话，整体语境是这样的：

问:"何以战?"公曰:"衣食所安,弗敢专也,必以分人。"对曰:"小惠未徧,民弗从也。"公曰:"牺牲玉帛,弗敢加也,必以信。"对曰:"小信未孚,神弗福也。"公曰:"小大之狱,虽不能察,必以情。"对曰:"忠之属也。可以一战。战则请从。"

三次对话的核心问题是"何以战",也就是凭什么作战,作战的条件是什么?鲁庄公前两次提出的条件都遭到曹刿的否定,第三次提出的条件,曹刿认为很靠谱,可以一战。

其中"小信未孚,神弗福也"正是这段对话的中间部分。鲁庄公提出第二个条件:"牺牲玉帛,弗敢加也,必以信。"他的落脚点是在一个"信"字上,而曹刿却回答说:"小信未孚,神弗福也。"落脚点是"神弗福也",即神不会赐福给你,不会保佑你,理由是"小信未孚"。

鲁庄公提出的是"信",曹刿却认定这只是"小信",又来了一个"未"做否定,后面加一个"孚"字,显然这个"孚"和"信"有关,"未孚"应该就是不能够让人相信。由此,可以推测"孚"就是"让人相信"。

虽然我在叙述的时候,花了比较长的篇幅来讲这个推测怎么进行。但实际操作过程中,这个思维速度会很快,花不了多少时间。不过,花不了多少时间不是不花时间,这个推测过程必须要有,如果缺少这样一个过程,头脑空空去查字典,效果就不会好。

带着这样的推测结论再查工具书,个人的建议是可以以一本权威的工具书作为核心用书,然后辅以其他的工具书做参考,尤其是一些解释看起来模糊不清的时候,更有多参考几本书的必要。

学习文言时,我把《古汉语常用字字典》作为核心工具书,查阅这本书,看到"孚"有如下这样一些义项的解释。

——鸟孵卵。《淮南子·人间》:"夫鸿鹄之未孵于卵也。"

——信用。《诗经·大雅·下武》:"永言配命,成王之孚。"

——为人所信服。《左传·庄公十年》："小信未孚。"熟语有"深孚众望"。

我会一边阅读所有义项，一边判断之前的推测是否准确。恰好这义项中所举的例子就是"小信未孚"。但这不意味着之前的推测没有价值，因为更多的情况并不恰好就是这个例子，需要之前的推测作为辅助，琢磨选择哪一个义项为好。推测得到验证，内心中会有一种成功的愉悦感；推测没有得到验证，则会激发进一步探究的好奇心。

很多人在使用工具书时，到得出结论就算完成任务了。但实际上这远远不够，还应该关注更多，思考更多，也就是我前面提到的第三步："与该字词相关的衍生内容，有必要进一步关注。"

比如，"孚"的本义是什么？"鸟孵卵"和"信用"这两个义项，哪一个是本义，哪一个是引申义，它们之间是什么关系呢？这只看《古汉语常用字字典》就不够了。需要查更多其他的工具书。

通过查阅其他工具书，我们发现原来"孚"从字形上看，上面的部分是"爪"，下面的部分是"子"，是一个会意字。《说文》上说："孚，卵孚也。"也就是"鸟孵卵"的意思。当然，也有人认为上面的部分是人的手的形象，下面的"子"是小孩子，本义是"抱子哺乳"。后来又引申为"鸟孵卵"。

接下来的问题就是，"孚"这个字怎么就从"鸟孵卵"引申到"信用"或者"守信用"了呢？训诂学家解释说："鸟之孚卵，皆如其期不失信也。"意思是鸟类孵卵，都能够按期孵化出来。

我看到这个解释时，特意查了一下相关资料，原来真的如此。比如，鸡的孵化期是 21 天，鸭的孵化期是 28 天，鹅的孵化期是 30 天，幼禽必然在那天孵化出来，非常准时，早了或者晚了都不行。

再一琢磨，原来这个"孚"解释为"信"，这个"信"最初是"守时"之意，"守时"就是"守信"，你守信了，就会使得别人信任你。这样一来，通过查阅各种资料，并结合自己的思考，一个字的多个义项之间的有机联系就建立起来了，对这个字的理解也就更深入更透彻了。

但到此还不算完，我还会关注一下字典上"孚"字的前后左右都有什么字，如孵、郭、莩、殍、浮、烰、桴、蜉等字，简单浏览一下，结合形声字的基本知识，一下子就把这一串字串在一起了。

到此就为止了吗？还不算完。当我对这个字有了这样深入的理解之后，我还要将所查找的内容有意识地加入阅读储备之中积累起来。慢慢地，我就发现，看到这个字时，我能比别人理解得更深入，就有可能看出别人看不到的一些意思来了。

比如，我们常常在加油站看到"美孚"的字样。这是一个音译过来的商标词语，英文原文是 Mobil，如果直译英文读音，更接近于"毛边"，而不是"美孚"。但如果真的翻译成"毛边"，还会有人想买这个牌子的润滑油吗？因为在汉语的语境中，一想到"毛边"就会有嗞嗞啦啦的感觉，用这样的词当润滑油的品牌名称，效果不可能好。但"美孚"则不一样了，因为"孚"是"信"的意思，这样，"美孚"就有了"既美且信"的意思，这个翻译实在太妙了，真是妙手偶得，既满足了音译，又给品牌的中文意思赋予了浓厚的中国文化内涵。

可以说，这"五步法"是一个循环往复的过程，当最后一步结束了，意味着第一步又重新开始了，而且，这时候的阅读储备和阅读能力更强了，在使用工具书的过程中，能够更加如鱼得水。

可能有人觉得用这五步法太复杂。其实一点都不复杂，反复操练，形成自然的状态就好。即使暂时没有能力将这五步都逐一做到也没关系，可是意识务必要建立起来。

建立起查字典的"五步法"的意识，并经常操作演练，慢慢地，查字典就不仅仅是查字典了，使用工具书也不仅仅是使用工具书了，而是一个发现汉字之美的过程，一个发现汉语之美的过程。

这样的学习，这样的不断发现美的过程，怎么可能会令人心生厌倦呢？

如何少读错字

一般的日常交流，有一些字音读不准，尤其是音调发生一些变化，并不是什么大不了的问题，并不妨碍一般的交流。比如说，"教室"的"室"，正确的读法应该是"教 shì"，但我经常听人说成"教 shǐ"，但这个影响并不大，大家都能听得懂。

那话又说回来了，为什么又要求读准字音呢？这其实是推广普通话的需要。《中华人民共和国国家通用语言文字法》规定普通话是国家通用语言。所谓的读准字音，就是按照普通话的字音规定来读，不符合普通话的字音读法都是错误的。

我们还是回到字音上来，什么样的字音容易读错呢？这个不妨从考试上来看，语文试卷常常第一个题就是读音题。研究各种读音试题，会发现不是随便什么字什么词都会进入到读音试题中来，要考就一定考容易出差错的。

1. 下列词语中加点字的读音完全正确的一项是（　　）
A. 刹那（chà）　　订正（dìng）　　茅塞顿开（sài）
B. 贮藏（chǔ）　　倾斜（qīng）　　轩然大波（pō）
C. 解剖（pōu）　　酝酿（niàng）　　爱憎分明（zēng）
D. 符合（fú）　　乘客（chèng）　　自给自足（gěi）

上图为北京市中考语文 2008 年第 1 题。正确答案为 C。

1. 下列词语中加点字的读音完全正确的一项是（　　）

A. 绯红（fēi）　　狭隘（yì）　　津津有味（jīn）

B. 剔透（tī）　　步骤（zhòu）　　既往不咎（jiù）

C. 濒临（bīn）　　颈椎（jīng）　　载歌载舞（zǎi）

D. 庇护（pì）　　广袤（mào）　　中流砥柱（dǐ）

上图为北京市中考语文 2013 年第 1 题。正确答案为 B。

容易出错的读音主要有两类。

一类是多音字。比如两道题中的"刹那、乘客、茅塞顿开、自给自足、颈椎、载歌载舞"这些词中的加点字等。

另一类是单音但易误读的字。除了前面提到的多音字之外，其他加点字都属于这种情况。

那如何尽可能避免在这两类读音上犯错误呢？

如果是多音字，当然要进入具体语境来看，但光满足于记住单个词中某个字的读音远远不够，还要好好研究一下字典词典，看看关于该字某个读音下的相关释义，然后分分类，这样就能一下子记住一大串了。

以"载歌载舞"这个"载"字为例，我常简单给学生总结归类，通常有两种情况读三声，两种情况读四声。

以下两种情况读三声 zǎi：

1. 和时间有关。比如，三年五载、一年半载、千载难逢等。

2. 和报纸杂志有关。比如，刊载、登载、记载、转载等。

以下两种情况读四声 zài：

1. 表示"一边……一边……"。比如，载歌载舞、载欣载奔、载笑载言等。

2. 和重量相关。比如，承载、运载、装载、卸载、荷载、负载、满载而归，文以载道等。

"载"字的两个读音都比较常见，还有一种多音字较为特殊，虽有多个读音，但一个读音常见，另外的读音不常见。

比如，"乘客"的"乘"，可能更多人只知道其中的一个读音"chéng"，一部分人会误读为"chèng"。而只有一小部分人知道这个字还读作"shèng"。"颈椎"的"颈"正确读音为"jǐng"，很多人误读为"jìng"，还有一个读音读作"gěng"。

对于这种多音字误读，办法是记住最常用的那个读音，而且要利用这个最常用的读音多多组词。以"乘"为例，可以组成"乘法、乘机、乘势、乘便、乘车、乘船、大乘、小乘、上乘、下乘"等。而另外一个不常用的读音"shèng"，只要记住几个特别的词，比如"千乘之国、史乘"就可以了。

如果是单音易误读的字，最常见的情况有三种：一种是音调读错，一种是因形近干扰读错，还有一种是受形声影响读错。如何避免这三种情况呢？

音调读错，比如，"潜力"常常被误读为"qiǎn 力"。不要小和尚念经一样反复读"qián 力"，而要多组词。比如"潜水、潜伏、潜艇、潜逃、潜能、潜心、潜入、潜意识、潜台词、潜移默化、潜滋暗长"等。把每一个词中"潜"字的读音都读准，就能够更好地记住这个字音了。

形近读错，比如，"庇护"一词中的"庇"因为和"屁"的字形相近，常常被误读为"pì"，为了保证这个单音字不再读错，也可以围绕着这个"庇"尽可能多组词，比如"庇护、庇佑、荫庇、包庇、托庇、福庇"等。

形声读错，比如，以"倾斜"为例，"倾"只有一个读音"qīng"，但有人受到"一碧万顷"的"顷"的干扰，就误读成了"qǐng"。为了保证这个单音字不读错，也可以围绕着这个"倾"多组词，比如"倾倒、倾心、倾慕、倾听、倾诉、倾注、倾轧、倾国倾城、倾盆大雨、倾巢而出"等。

如果稍稍注意一下我前面所讲的方法，会发现多音字中某一个音常用，或者是单音字易误读的情况，应对办法其实都是同一种——不要只停留在这一个字一个词上反复读，而要尽可能多地用这个字多组词。

多多组词，看起来好像是增加了记忆的负担，但因为有更多的参照，不再是孤零零的单摆浮搁的记忆，就不会轻易忘掉、不会轻易读错该字的字音了。看似增加负担，实际上却是高效记忆的办法。

当然，仅仅知道以上这些方法远远不够，只是为了考试的需要临时抱佛脚，成批量地记住读音的办法更不足取。

比如，早前北京市中考读音题虽然都是四个选项，涉及至少 12 个词语，但是因为范围极为明确，就考查《考试说明》提供的词语表中列出的 1000 词，所以这个读音题的得分率通常在 0.98 以上，也就是说每 100 人中只有一两个人出错。

但在 2016 年取消了词语表，改为以 3500 字及相关词语作为考查范围之后，当年仅考查了"生肖"和"记载"两个词，结果该题的得分率一下子就降到了 0.37，一多半的学生回答错误。

拳不离手，曲不离口。台上一分钟，台下十年功。读准字音是一个日积月累的过程。任何人都没有终南捷径可走。

记得大学刚毕业那会儿，我最初教小学五年级。虽然是学中文出身，但东北口音较重，常常平翘舌不分，比如，"足球"说成了"竹球"，"打伞"说成了"打闪"；r 和 y 不分，"吃肉"会说成"吃又"。

小学生是可爱的，他们可不问什么面子不面子，不管什么老师不老师，常常你读错了字音，立刻就有人举手："老师，你某某字读错了。"刚开始确实很尴尬，但后来想，总这么尴尬着也不是个事儿，必须要下定决心改进才行。

于是，我就对学生说，如果谁指出了老师的读音错误，当天的作业可以免做了。这样一下子就更激发了他们的热情。

就像《邹忌讽齐王纳谏》中描写的那样，"令初下，群臣进谏，门庭若市"，"数月之后，时时而间进"，但"期年之后，虽欲言，无可进者"。因为我极为有意识地注意读音的问题，所以慢慢地学生常常好多节课都找不出一个读音上的错误了。

无论是中小学生，还是成人，要想少读错字音该如何做呢？据我个人的经验，给出这样几个原则和办法。

1. 要出声读。

既然是读音的问题，当然要靠发声来解决。但遗憾的是，除了小学还经常要求出声读课文之外，越往高年级，这方面的要求和训练就越少。成人就更少有出声读的机会了。

要给自己找一些出声读的机会，尤其是那些经典诗文，更要出声读。在出声读的过程中，有意识地关注哪些读音还不是很有把握，要做好确证和落实。而默读就达不到这种效果，因为默读常常容易把某些并不能准确把握读音的字滑过去。

2. 要用心听。

听别人的发音也很重要。随便听什么人的发音都可以，同一个词的发音，只要与自己不同，必然有一方出错或者两方都错的可能。当然，选择听广播电视新闻效果更好，这些节目的主持人都通过了一级甲等的普通话测试。

3. 要随时查。

除了小学生在认字初期，还经常查查字典之外，很多人可能一年半载都不查一次字典。有一些含混不清的字，看书的时候就不自觉滑过去了，或者随便问问别人，别人告诉一个读音，自己听一耳朵就完了。这些做法都很不好。

要养成随时翻阅工具书的习惯。某个字不认识，不要停留在查到读音就算完成任务，而应该把该字的各个义项都通读一遍。如果是一个多音字，甚至要有意识归归类，看看不同读音之下都有哪些主要义项。这样做看起来很慢、很笨，但这很慢很笨的功夫常年做下来，必然见到大成效。

读音的问题，不能想着集中精力打大规模的"歼灭战"，想在短时间内搞定，而要打游击战，各个击破，一点点来，遇到一个解决一个，遇到两个干掉一双。聚沙成塔，集腋成裘，时间既久，效果自然显现，而且这种各个击破达到的效果最为牢靠。

关于汉字读音还有几个需要说明的问题。

1. 方言的问题。

说普通话，在一定程度上就涉及和方言习惯对抗的问题，比如前面提到的平翘舌不分问题，以及 l 和 n 不分、h 和 f 不分的情况。

有时候因为方言中不存在这种发音，所以易于混淆的两者根本区分不出来。这时候就要反复听、反复说，要从练习能够听出两个不同发音之间的差异开始。熟悉自己方言和普通话相比最大的不同，有助于学好普通话发音。

2. 古今音的问题。

汉字中大约四分之三以上都属于形声字。但是，古今语音发生了很大的变化，不能秀才遇字读半边。比如，同以"工"为声旁的形声字，功、攻、虹、红、江、豇等，读音已经大不同。

古今音变也很大，音韵学属于相当专业的学问，一般人不必涉猎，所以也不必非要研究古音怎么读，只要按照现代字典中的规定把今音读准就好。但在读古书时要注意通假字这样特殊的情况。

即使是今音，也有一些从俗的问题，工具书在修订中也不断发生变化。比如"呆板、确凿、荨麻疹"等读音，都发生过反复调整读音的情况，这就要关注一下最新修订的权威工具书如何规定。一般每一版最新的权威工具书出来，总会有媒体集中谈一谈这方面的变化，稍稍注意一下就好。

3. 工具书的问题。

现在网络比较发达，大家习惯使用网络搜索信息，查某一个字也是如此。特别需要指出的是，网络上的信息讹误颇多，有一些专门谈读音的帖子，本身有一些读音标注就有问题。如果想要确证，还是要查阅纸质的工具书。

纸质工具书也要权威的才可以，比如，商务印书馆的《新华字典》《现代汉语词典》《新华成语词典》《古汉语常用字字典》《古代汉语词典》等，都是常用的权威工具书。而且，要尽可能是最新版本，至少不能是过于老旧的版本。因为每次修订都有相当程度的变化。

4. 几种特殊情况。

（1）姓氏读音。

有一些姓氏，虽然字本身很常见，一旦作为姓氏使用，读音就发生变化了，这需要特别注意积累。

比如"过、句、曲、哈、区、朴、仇、查、繁、纪、任、解、种、单、华、乐、牟、曾、尉迟、令狐、澹台、长孙、鲜于"等。

（2）地名读音。

也有一些地名的用字，或虽然是常见字，但读音发生变化；或因为是生僻字，容易因为形声形近的干扰而读错，也需要特别注意。

比如"蚌埠、六安、亳州、歙县、砀山、鄄城、临朐、徂徕、兖州、茌平、莒县、甪直、溧阳、邳州、邗江、盱眙、丽水、台州、乐清、婺源、铅山、柘城、武陟、荥阳、渑池、中牟、箓口、郴州、耒阳、犍为、邛崃、郫县、莘庄、涪陵、郧县、儋州、井陉、乐亭、大城、巴音郭楞、巴彦淖尔、尖沙咀、凼仔"等。

（3）古代人名，地名，官职等的读音。

古代的人名，地名，官职等，在阅读古书时会经常遇到，有一些字较为生僻，有一些字虽然常用，但在特定的词语中发生音变，这些都要注意。下面列举一些常见的人名，地名和官职名。

古代人名：如"嫘祖、鲧、皋陶、褒姒、妲己、重耳、墨翟、李悝、嫪毐、樊於期、钟繇、武曌、万俟卨、金兀术、米芾"等。

古代地名：如"暹罗、身毒、会稽、龟兹、大宛、大月氏、高句丽、吐蕃、吐谷浑"等。（准确说以上有一些属于国名或古代少数民族名称，其中吐谷浑最初为人名，后为少数民族名。）

古代官职名：如"单于、可汗、仆射、大夫、骠骑、车骑、长史、舍人、洗马、给事中"等。（前两个属于古代少数民族首领名称。）

课文应该怎样朗读

有朋友提问：自己家孩子读书实在太平淡了，不知道怎么引导孩子有感情地朗读，甚至有时候孩子还比较反感那种感情充沛的朗读，觉得那样读比较恶心。

这其实不是一个孩子、一个家庭的问题，可能是很多孩子、很多家庭都面临的困惑，在公众号后台也时常收到类似的求助。

关于学生的朗读问题，需要先从课程标准说起。《义务教育阶段语文课程标准（2022年版）》明确了"读"在语文中的重要地位。在不同学段的要求中，都有类似于"用普通话正确、流利、有感情地朗读课文"这样的表述。

只不过不同学段语言表述稍有差异。比如，第一学段（1—2年级）的表述是"学习用普通话正确、流利、有感情地朗读课文。学习默读"。第二学段（3—4年级）的表述就是"用普通话正确、流利、有感情地朗读课文"。

这个关于朗读要求的表述，其实不妨分为两个部分来理解，一部分是底线要求，也就是"正确，流利"，另一个部分是在底线基础上的更高要求，是"有感情"。

关于底线要求，如何做到，不妨引用朱熹论读书中的一段话来说：

凡读书，须整顿几案，令洁净端正，将书册齐整顿放，正身体，对书册，详缓看字，仔细分明读之。须要读得字字响亮，不可误一字，不可少一字，不可多一字，不可倒一字，不可牵强暗记，只是要多诵数遍，自然上口，久远不忘。

虽然朱熹这一段主旨是说"熟读成诵"，但是放到对朗读的要求上来说，也没有问题。既有具体的书册摆放的要求，身体姿态的要求，也有具体声音的要求，读的声音要响亮，不能读错字，不能丢字落字，不能读得颠三倒四。

这里朱熹并没有直接说句读停顿的节奏问题，但实际上在讲"不可牵强暗记"时，已经包含了这个意味。以上这些都可以说是"正确，流利"的基本要求。

如果再简化一点，可以用《弟子规》中的几句话表述，那就是"凡道字，重且舒，勿急疾，勿模糊"。这里的"道字"就是谈吐说话，当然，也应该包含朗读，基本要求是要稳重而且舒畅，不要说得太快，说得太急，更不要说得模糊不清。

以上就是我对朗读的底线要求"正确，流利"的基本认识。

接下来说更高要求，就是"有感情"。

关于有感情，应该有这样三点要注意。

第一，理解是有感情的基础。

不理解就不会有感情。以唱歌为例来说明这个问题。

十几年前，我当班主任，学校组织合唱比赛，我让文娱委员和音乐老师约了时间请求帮忙指导。训练了几次之后，文娱委员说音乐老师希望和我交流一下。音乐老师先是大大地表扬了学生们，音准，音色都特别棒，然后话锋一转：可是没感情，眼睛里看不到内容，情感没有表现出来。

唱的是什么歌呢？原来是李叔同先生的《送别》。

长亭外，古道边，芳草碧连天，
晚风拂柳笛声残，夕阳山外山。

天之涯，地之角，知交半零落，

一壶浊酒尽余欢，今宵别梦寒。

天之涯，地之角，知交半零落，

人生难得是欢聚，惟有别离多。

我一听，马上对音乐老师说，我五音不全，唱得准不准这个事儿归您管，有没有感情这个事儿归我管。

又过了几天，在全校的合唱比赛上，我们班拿了金奖，因为不但歌本身唱得好，而且每个同学都很投入，很动情，彻底打动了评委。获奖，而且是金奖，这让我这个乐盲班主任很骄傲，也让其他班的老师和学生很忌妒。

这中间发生了什么事呢？

我利用几节语文课的时间，临时调整了讲课的内容，带着学生们回顾了曾经学过的若干首送别诗，又补充了若干首有名的送别诗，还详细地讲了在交通通信方面的古今差异。在古代交通通信不发达的情况下，离别意味着可能今生不能再相见。这也正是为什么古代的送别诗那么发达、古人送别的情感那么浓烈的原因。

这些外围的功课做好了，再体会《送别》这首歌的意境，就很容易理解了。理解了，自然就动情了，是真正的情动于衷而发于外。

其实，朗读和唱歌在这一点上完全相通，理解到什么程度，才能表现出什么程度的情感来。从一般的喜怒哀乐，到更深层次的复杂情感，都需要理解，情感越复杂，需要理解得越深入。

理解需要一步步地来，一点点积累，这个没有什么终南捷径。对于学生来说，不同年龄段，不同学业水平，理解的程度也必然有所不同，所以不能在"有感情"这一点上做过高的要求。

第二，模仿不能完全代替理解。

在教学生朗读的时候，老师会做范读，也会找来各种名家的朗诵，播放给学生听，希望通过让学生模仿的方式来促进学生朗读水平的提高，应该说这是一个不错的途径。

但是，一方面模仿固然有助于促进理解，另一方面模仿又不能完全代替理解。这里面有一个知其然，却不一定知其所以然的问题。声音已经表现出来状态的学生可以听得到，可以模仿得到，但是声音为什么那样表现，则需要做更多的解释，才能真正知其所以然。

这里也有我在课堂教学中遇到的一个例子。

在讲《岳阳楼记》时，让学生做了一些自主预习之后，我先给学生播放了一段朗诵的录音。这个录音是童自荣先生朗诵的，童自荣为译制片《佐罗》中的主人公佐罗配的配音，可以说影响了一代人。

在播放完了录音之后，我让学生说一说听了这个之后有什么感觉。班里一个平时读书很多、思想比同龄人更为深刻的女孩说，听了这个朗诵之后想流泪。她说这个话的时候，都有一些哽咽了，她的话于我心有戚戚焉。

然而，她旁边的一个同学，忽然凑过来用双手摇晃着她说："快说说，快说说，你咋会听到想哭呢，我听了不但不想哭，反而想笑，这个朗诵的音调实在是太奇怪了。"

这位同学的这个反应奇怪吗？一点儿也不奇怪，因为这位想笑的同学并不理解为什么童自荣会这样朗诵，其背后传递的情感是什么。不但这位同学想笑，一定也还有相当一部分学生想笑，只不过他们没有那么激烈地表达出来而已。

用三四节课学完了《岳阳楼记》，学生真正体会了范仲淹为什么会"不以物喜，不以己悲"，为什么有"先天下之忧而忧，后天下之乐而乐"的情怀之后，再重新听童自荣先生的这个朗诵，大多数人就沉浸其中，就不再有人会觉得特别可笑了。

这样一个经历告诉我，只是模仿并不能代替理解。当下的中小学生朗诵中，有一种不好的趋势，就是非要选择名家名篇，而且，非要往成人化的方向靠拢。

他们小小年纪，真的很难深入理解《满江红》中的"三十功名尘与土，八千里路云和月"，朗诵于是就变成了嘶吼；也很难深入理解《水调歌头》中的"人有悲欢离合，月有阴晴圆缺，此事古难全"，于是朗诵又变成了故作深沉。

东汉诗人梁鸿所作的《五噫歌》只有短短的 30 个字,"兮"重复了五遍,"噫"重复了五遍,但显然这"兮"和"噫"不能都读得一模一样,非有极为深刻的理解,就做不到用不同的音调、音长等传递这种复杂的情感。

五噫歌

[东汉] 梁鸿

陟彼北芒兮,噫!

顾览帝京兮,噫!

宫室崔嵬兮,噫!

人之劬劳兮,噫!

辽辽未央兮,噫!

不必举更多的例子,我要说的是在朗读材料的选择上,要慎之又慎,要选择那些自己真的有一定理解的材料,模仿不能完全代替理解。一味模仿,而不是深入理解,那更大的可能就是画虎不成反类犬。

第三,不要过度追求所谓技巧。

一说到朗读,好像很多人的第一想法就是想要学习朗读的技术问题,甚至是朗诵的技巧问题。那些不是不重要,但是那只是达成一个好的朗读的一方面而已。那只是一个手段,一个方式而已,并不能,也不应该将其作为追求的终极目标。

真正有用的还是理解。理解不是停留在对所朗读材料的字面意思之上,而是字面意思之后更深层次的东西。

比如,《琵琶行》中的"轻拢慢捻抹复挑,初为霓裳后六幺"这句话,字面上没什么特别难于理解的,无非就是在描述琵琶女弹琴的动作,所弹奏的曲子而已。但是,如果你听孙道临先生的朗诵,就会忽然发现,原来每一个汉字都是有形象的,通过声音,就可以传达"拢""捻""抹""挑",而且,通过声音让你感受什么是"轻",什么是"慢",什么是"复"。

当然，这还只是一个浅显的例子，毕竟只是对汉字、对动作的本身的认识，还有更深入的，那就是对人心、对人性的感知。

朗读不只是要用嘴巴读出声来给别人听，更要用心读出来给自己听。当我们真正深入理解了所读的内容，打动了自己，然后才能打动别人，这时候，技巧就变成了末事。

不信，你听听诗人余光中朗诵自己的名作《乡愁》。余先生没有太多的朗诵技巧，甚至连最基本的普通话也算不上标准，但是，他的朗诵却无比动人。为什么？因为他把他的一生、他的情感全都注入了这首诗的朗诵之中。

简单总结一下本文的主要观点，学生朗读，要有底线意识，那就是"正确，流利"，可以有意识地往"有感情"这个更高的目标前进，但是，不能只是学技巧，更要注重理解。要有意识地把朗读和朗诵区别开来，朗读要更自然、更本色、更生活，而少一些朗诵所要求的表演色彩，少一些朗诵的"拿腔拿调"在里面。

毕竟，生活中不是每个人都需要表演、需要朗诵。朗读更多是读给自己听，而不是读给别人听。与其只有"声动"，不如有更多心动。

关于文言文学习的四个问题

我看到这样一则初一学生的留言，很有代表性，正反映了当下文言文的教与学中存在的症结问题，不妨拿出来讨论一下。

老师说翻译的时候要以书上的注释为准。有次卷子上让翻译"尊君在否"，这个"尊君"不就是"你的父亲"的意思吗？然后老师说是错的，要以书上注释为准，书上的是"令尊"的意思。我就想问了，"令尊"难道不是文言？题目让我用现代文翻译，你却让我用一个文言翻译另一个文言？这个题目坑惨了多少人啊，我愤愤不平却无法反驳。

我想，这段话一定能引起广大学生的共鸣，因为这正是他们学习文言过程的最真实写照，他们就这样被文言的教学与考试的方式折磨着。

但是，我们有必要冷静下来，细细琢磨这段话中包含的不同层次的若干问题。

一、文言要不要翻译

关于文言到底要不要翻译，很多人觉得理所当然，因为在学习文言过程中，文言翻译是最重要的任务之一，甚至在相当一部分语文老师的课堂上，文言翻译是作为文言学习的核心任务来处理的。

但我们要想一想为什么要翻译，翻译的目的是什么。翻译的目的是更好地理解文意。但这个目的达到了吗？或者说换一个思路来考虑，如果不翻译，是不是就不能达成理解文章的目的呢？

我们都知道，白话文从五四运动开始推行，到今天不过也就百年而已，有了白话之后，才慢慢有了把文言翻译成白话这样的文言学习形式。在这之前，人们又是如何学习文言的呢？随着年代越来越久远，人们对前代的文字理解必然有这样或者那样的障碍，为了克服这个障碍，就有了针对古书的"注"和"疏"，"注"是对具体文句的解释，而"疏"则是对"注"的进一步解释。

人们正是借助这样的"注"和"疏"来读懂古书，而"注"和"疏"，并不像现在的学生在文言学习中的对译一样，逐字逐句地解释，而只是解释关键字词句，并有意识地剖析其中的义理。

文言读得多了，我们都会有这样的经验，不用非要翻译，只要读文言本身，或者借助"注"和"疏"，就能读懂文言。如果非要逐句对译，逐字解释，反而是画蛇添足了。

逐字逐句地对译，看似是在帮助学生理解文章，但实际上这个过程损失了很多其他的东西，比如，语言本身的味道。试看：

"风和烟都消散了，天和山变成相同的颜色。（我乘着船）随着江流漂荡，随意地向东或向西漂流。"

——这样的句子你看着觉得优美吗？觉得高级吗？

这是《与朱元思书》一文开篇几句翻译出来的效果，换成原文来感受一下："风烟俱净，天山共色。从流飘荡，任意东西。"

怎么样，两相对比，一下子就能理解什么是画蛇添足了吧。

而且，即使你逐字逐句翻译出来了，也并不意味着就一定能理解文意了。比如，我在最初读《大学》时，读到"未有学养子而后嫁者也"这句话，就犯了嘀咕，感觉没有一个字不认识，但就是没想明白这句话到底是什么意思。我很怕有些字的意义未曾明了，于是又逐字逐字地翻查字典，但依然没有搞清楚是怎么回事。

后来，读着读着，忽然明白了，原来我陷入了文言要翻译过来才能理解的窠臼里了，其实这句话完全不需要翻译，就是一句大白话而已。结合前面所讲的先齐家后治国的观点，自然就知道了，这只是一个最明白不过的比喻，就像是要先"嫁人"然后才能"养孩"一样，"齐家"和"治国"也要有先后顺序，不能颠倒。

二、文言要如何翻译

从对第一个问题的分析可以看出，文言翻译，尤其是逐字逐句地对译其实并不是学习文言的必须。对译只是起到一个桥梁作用，要能有助于理解文意才好，而不要舍本逐末，为了对译而对译。

现在之所以要逐字逐句地对译，甚至要求要以教材或者说课本为准，完全是因为考试驱动的结果，是分数的压力使然。依然要思考回到"初心"的问题，文言如果要翻译，那要如何翻译，以什么为标准。

严复所谈翻译三原则"信""达""雅"，在翻译界得到广泛认同。但是，必须认识到，这是一个非常主观的原则。具体到特定的篇章、特定的词句，怎么就符合"信""达""雅"，比较难于衡量，更不能一刀切地完全以教材为准。

不同年代的教材，不同版本的教材，对于同一篇文章中的同一个词句的注释也常常会有不同，那到底要以哪一个为准呢？而且进一步思考，这些教材的注释显然也不是凭空而来，要有依据，那它的依据在哪里呢？

以《论语》为例，从古至今，对《论语》的注释多如牛毛，即便是专门挑选大家公认的权威注本，也有很多注释之间矛盾重重，甚至截然相反。这其中可能有对错之分，但更可能是优劣之分，甚至只是认知角度不同而已。绝对不能存着寻找一个所谓标准答案的念想，如果那样学，就把经典学死了。

其实，无论是直译也好，还是意译也好，只要能有助于理解文章就好。

千万不要完全死守着教材不放，要求必须和教材的注释一模一样，那样就太机械，太死板了。这种机械死板的文言学习方式贻害无穷。

老师过于强调要以教材为准，要求要把文言翻译成白话，结果就是学生恨不得把文言当成另外一种语言来学习。这样的思路大错特错，文言不是外语，文言和白话之间有千丝万缕的联系。文言中有白话的基因，白话中有文言的遗存。学好文言，有助于学好白话，反之，学好白话，也有助于学好文言，不能把两者对立起来。

三、初中文言学习的目标

初中文言学习，其目标可不是会几个注释，会几句翻译，然后在考试中能够拿到分数那么简单。

《义务教育语文课程标准（2022 年版）》第四学段（7—9 年级）部分，对阅读目标有这样的描述："诵读古代诗词，阅读浅易文言文，能借助注释和工具书理解基本内容。注重积累，感悟和运用，提高自己的欣赏品位。"

不要用文言对译扼杀了学生学习文言的兴趣。如果得到了分数，但失去了兴趣，那也是文言教学的失败，而只有激发了兴趣，附带着得到了分数，才是文言教学的成功。

文言教学要考虑学生的能力，慢慢提高要求，而不要期待着一步到位。可以平时稍稍严格一些，考试时则要宽松一些。

以"尊君"为例，学生译为"你的父亲"，我认为在考试时是可以接受的。但平时则需要告诉学生，其实这样的翻译，没有把"令"这个字突出出来，因为"令"并不是"你的"的意思，而是表示"美好"的意思，用于敬称，诸如令尊、令堂、令爱、令郎等。所以，翻译成"您的父亲"，可能更能把这个敬称的意思表达出来。

学生翻译得不到位，有时候并不是因为他们对文言本身不理解，而是现代汉语的水平也有待提高。语言表达有一个准确性的问题，严格来说，没有同义词，只有近义词。要在平时教学过程中，在翻译文言时，带着学生有意识地辨析词与词之间的细微差别，尝试选择最恰当的词语，在潜移默化中提高他们语言表达的水平。

文言学习，翻译只是理解的桥梁，不能将手段当成目的。要有意识地将文言文学习和现代文学习打通了来处理，要以提高人文素养为目的，要注重积累，感悟和运用，引导学生提高人文品位，人生境界。

四、文言学习的基本路径

学习文言的基本路径是什么，每一位语文老师，务必都要思考得非常清楚。不但要思考清楚，透彻，而且绝不能犹豫，绝不能动摇。不必非要想着什么创新，创造的问题，要多从古人那里继承优秀的传统。文言作为千百年来的一种基本表达方式，有很多成熟的学习经验。

朱熹说："凡读书……须要读得字字响亮，不可误一字，不可少一字，不可多一字，不可倒一字，不可牵强暗记，只是要多诵数遍，自然上口，久远不忘。古人云，'读书百遍，其义自见'。谓读得熟，则不待解说，自晓其义也。"

学习语言，需要语感，学习文言也需要培养文言语感。语感看不见摸不着，又真实存在，有没有强大的语感，是一个人语言素养高不高的重要标志之一。文言语感从哪里来？就是要读、读、读，背、背、背。这个语感，不是要通过对译获得，而是要通过读与诵获得，这个读与诵又不是一般人错误理解的死记硬背，而是熟读成诵。仅仅有初中教材中所选的那一点点数量的文言文，仅仅掌握了更多文言实词、虚词、语法现象，不可能把文言文学得更好，需要读得更多，背得更多，才有可能灵活运用。

所以，我们不要把过多的时间和精力放在对译上，尤其不要非得反复练习这个对译，死揪着非要和教材一致，这部分所消耗掉的时间和精力，与所收获的完全不成正比，严重的得不偿失，是典型的事倍功半。即使为考试拿分考虑，也应该从根子上解决问题，要引导学生多读多背，形成真正的文言语感才好。

学好文言文的七个方法

　　文言文学习，让很多初中同学感到非常头疼。究其原因，除了文言文要考试之外，还有一个就是他们采用的方式方法不对，所以虽然时间和精力投入了不少，效果却非常不好。

　　很多同学一上初中，手里就有了诸如《初中文言文大全解》《初中文言一本通》之类的书，觉得只要有了这本宝书，文言文学习就没问题。可实际情况如何呢？考查课内篇目的试题还勉强能够应对，一旦扩展到课外，则不知如何是好；到了高中，学习先秦散文，甚至如听天书，基础薄弱的毛病更是暴露无遗。

　　要想文言学习又轻松又扎实，需要有良好的方式方法作为保障。

　　要想学好文言文，可以融合运用以下七个方法，让文言学习更加轻松愉快。

　　1. 通过读出声来，体会文言音韵之美。

　　读出声来，是学习语言的基本功，对于文言文学习而言，尤其应该如此。好文章掷地作金石声，这"金石声"需要通过读出声来体会。就仿佛唱歌，如果仅仅是看乐谱或者歌词，很难体会到歌声之美妙，必须亲自唱出来，才能有更深体会。和现代文相比，文言文更为讲究韵律和谐，这种韵律和谐之美，要通过读出声音来才能感受得到。

　　朱熹在《训学斋规》中有言："凡读书……须要读得字字响亮，不可误一字，不可少一字，不可多一字，不可倒一字，不可牵强暗记，只是要多诵遍数，自然上口，久远不忘。"

2. 通过反复诵读，形成文言语感。

语感这种东西，看不到，摸不着，却又真实存在。良好语感的形成，有赖于反复诵读，一方面要进入头脑记忆，另一方面也要形成肌肉记忆。

在读准字音、正确断句的前提下，要用心体会文句节奏，反复诵读，而不是小和尚念经——有口无心。朱熹尝言："读书有三到：谓心到、眼到、口到。心不在此，则眼不看仔细，心眼既不专一，却自漫浪诵读，决不能记，记亦不能久也。三到之中，心到最急。心既到矣，眼口岂不到乎？"

3. 在熟读的基础上背诵，让更多语料进入永久记忆。

不要为了考试功利性地去背诵，考过了之后，马上忘却。而是要通过反复诵读，在熟读的基础上背诵，进入永久记忆。

选入初中课本的所有文言文，无论课后是否要求背诵，都应该在熟读的基础上成诵。有人做过研究统计，高中及以后所学的文言文，绝大多数实词、虚词和文言语法现象，在初中都出现过。

但为什么相当数量的学生不能很从容地迁移所学的知识和能力呢？原因很简单，为了考试而学习，考过即忘，狗熊掰棒子，当然形不成能力。唯有对所学材料相当熟悉，才能够信手拈来，随意驱遣，为我所用。

4. 把课文作为基础，同时要有大量泛读作为辅助支撑。

课文须要精读，在熟读基础上成诵。但仅仅掌握这些材料远远不够，还需要大量的泛读材料来支撑，这样才能通过"多见而识之"的方式准确领会，牢牢记住。

比如，2011 年的北京市中考题，考《鱼我所欲也》中的"是亦不可以已乎"这句中的"已"如何解释。如果我们只记住此处的"已"解释为"停止"，哪怕重复很多遍，也很容易忘却。但如果我们有大量其他语料支撑，比如"学不可以已""鸡鸣不已""操舌之神闻之，惧其不已也，告之于帝""累寸不已，遂成丈匹""鞠躬尽瘁，死而后已"等，就无论何时都不用担心会忘却了。

为了说得更明白一些，再打个比方。某一次上课，我认识了一位同学叫李达康。即使我意识到他对我很重要，哪怕我当时重复五十遍"李达康"，但如果以后三五年都见不到这个人，以后再见到，也很可能会想不起他的名字。但如果过几天，我在西单见到他，和他打招呼："你是李……"他说："我是李达康。"又过两个月，在三亚见到他，再次打招呼："你是李达……"他说："我是李达康。"再过半年，在纽约又见到他，这回我一定不会犹豫不决，可以非常肯定地叫出他的名字了。

文言学习和以上情形非常类似，不同的语境中不断见到同一个词，就像是在不同的环境中见到同一个人，自然而然就记得了，不需要费太多的心力专门记忆。

如果能精读一到两本文言著作，再泛读两三百篇文言文作为辅助支撑，初中就可以形成非常强的文言阅读能力，高中根本不需要费心专门学习文言文。

5. 不仅要依靠课下注释，更要随时熟练使用工具书。

很多同学在学习文言文时，要么是死记硬背课下注释，要么是抱定文言文教辅，要么是抓住老师发的对译篇子不放。

这样的做法最多只能是知其然而不知其所以然，一旦换了另外一篇文章，又不知道怎么理解才好。《义务教育阶段语文课程标准》规定："阅读浅易文言文，能借助注释和工具书理解基本内容。"但在实际学习过程中，学生常常是偏重于借助注释，而完全忽视了"工具书"，不是两条腿走路，而是一条腿走路，只能一瘸一拐。

一方面，要借助语境对相关文义进行推理，另一方面，也要借助工具书对这种推理进行印证。拳不离口，曲不离手，熟练使用工具书，自然形成独立阅读文言的能力。商务印书馆出版的《古汉语常用字字典》是初、高中学习文言文必备的工具书。

6. 文言不是外语，现代汉语和古诗词都是很好的学习文言的材料。

有一些人把文言当成外语来学，一个字一个词地抠，实际上完全没有必要。须知，文言和现代汉语是同一种语言，现代汉语，尤其是成语中，有大量的文言遗存现象，学习现代汉语在某种程度上也是在学习文言。比如，"赴汤蹈火"中的"汤"，是"热水"的意思，这就是一个典型的文言意思的遗存。再比如，"情不自禁"这个成语还保留了文言中因为否定词的存在，将宾语提前到动词之前的倒装形式。

古诗词和文言的关系就更为密切。大量背诵古诗词，对学习文言有莫大的帮助。比如，会背诵"春风得意马蹄疾，一日看尽长安花"，就可以把这句诗和《三峡》中"虽乘奔御风不以疾也"联系在一起，这里的"疾"都是"快"的意思，而这句诗又是"走马观花"这一成语的出处，由此，也可以知道"走"在这个成语中的意思也是典型的文言遗存，古今异义，文言中的"走"是"跑"的意思。将所学内容连缀成网络，相互联系，随时定位，就比单摆浮搁地记住一个字一个词容易得多了。

7. 学习文言不是单纯为了考试，文言中有太多的精华值得我们吸收。

要有意识地跳开学习文言的功利目的。事实上，我们中华几千年的文明史，主要以文言的形式记录，白话文不过不到百年的历史而已。如果说，不懂外语，世界将对你关上了一扇窗，那么，如果不懂文言，历史就将对你关上一扇门。大到人生道理，小到文章写法，在经典的文言文章中俯拾皆是，如果忽略了这一部分，损失巨大，殊为可惜。

背古诗文切忌"四贪"

中国是诗的国度，诗可以培养文学的审美与趣味，并由此关涉生活的审美与趣味。但关键不在于应不应该读诗、应不应该背诗，而在于我们用什么样的态度、什么样的方法让这些诗歌进入到我们的头脑中，从而达到腹有诗书气自华的效果。

《义务教育语文课程标准（2022年版）》要求第一学段（1—2年级）学生背诵优秀诗文50篇（段），第二学段（3—4年级）学生背诵50篇（段），第三学段（5—6年级）学生背诵60篇（段），第四学段（7—9年级）学生背诵80篇（段），合计240篇（段）。

但是，实际上，大多数初中毕业生能背诵100篇就算高手了。再过十年二十年，走向工作岗位时，又有多少中国人可以肯定而自豪地说自己还能背诵100篇以上古诗文呢？恐怕不多吧。

是他们缺乏背诵的能力和技巧吗？

每一册语文书从正文到附录，至少有10篇以上古诗文。假定以10篇计算，小学六年12册语文书，初中三年6册语文书，至少也要有180篇（段）。所有文字量加起来也就三四万字，平均到每年三四千字，平均到每天，仅十个字左右而已。

可这么一丁点儿的内容，为什么就背不下来呢？不是背不下来，而是一边背诵，一边忘记了。狗熊掰棒子，掰一穗丢一穗，最后能剩下的极为有限。

为什么会如此？因为绝大多数人是以一种被任务驱动着的心态来背诵古诗文。这些人更多看到的是古诗文之于考试的作用，而看不到古诗文对人生的作用。所以大多数都是考前拼命背下来，考后迅速就忘了。

由此导致古诗文的背诵过程非但没有感受到丝毫乐趣，反而更多是痛苦的回忆。出于一种本能的自我保护，那些痛苦的记忆会被优先从头脑中抹掉，由此这些诗文就成了最早被清除的"痛苦记忆"。

从我个人观察来看，现在家长和学校在推动孩子背诵古诗文方面主要存在这么几个误区，可以简称为"四贪"。

一曰"贪早"。

很多人觉得让孩子背诵古诗文越早越好。甚至还在孩子牙牙学语时，就不断地把"锄禾日当午""春眠不觉晓"之类，甚至是"学而时习之，不亦说乎""道可道，非常道，名可名，非常名"之类，灌输到孩子的耳朵里了。如果是以玩儿的心态教一教、说一说也未尝不可，就怕有人还制订了所谓周密的计划，要在多少岁之前完成多少内容的背诵。

这样的"贪早"，一方面在一定程度上影响孩子语言的学习。文言是书面语，而我们日常表达是白话文，两者之间有相当的距离，过早地灌输这些文言文、书面语，很有可能影响孩子正常的语言表达。另一方面孩子完全无能力消化这些内容，因此他的所谓记忆，仅仅是无意识的机械记忆而已，那些优美的诗文，在他的嘴巴里，无非只是无意义的一个又一个的音节组合在一起而已。如果不重复，很快就会忘记，在这上面浪费了太多的时间而收获很少。

二曰"贪多"。

不但家长，而且有相当一部分学校在这方面都存在这个问题，觉得背诵古诗文是韩信将兵，多多益善。本来能达到《课程标准》中规定的要求的水平就已经不错，却还有相当一部分家长和学校不顾学习规律而不断加量。在孩子兴趣和能力都还没有完全准备好的情况下盲目加量，效果只会适得其反。我甚至听闻有些老师在小学一、二年级就要求把《课程标准》中规定的小学生必背古诗分配到每周背诵完成，以背诵的数量多为能事，为值得炫耀的事。

每个孩子能力不同，这样的过量输入，在相当程度上会导致信息过载。为了背诵下来，他们不得不硬着头皮完成特定时段规定的背诵任务，抓耳挠腮甚至连哭带号地背下来，这种不愉快的记忆必然会被头脑选择尽快忘记，于是就陷入了背了很多，又忘了很多的怪圈。

三曰"贪快"。

不但要求孩子背下来，还要求孩子在特定时间段内背下来，甚至还要比一比谁背诵得更快；孩子独自一个人背诵时，也被要求背诵得快一些再快一些。只要记住了，就觉得是完成任务了，因此觉得越快记住越好，恨不得能过目成诵才好。

但我们背诵诗文，是要让诗文，尤其是有价值的经典诗文进入永久记忆中来，在需要的时候能自由提取出来。短时记忆虽然很快，但记得也快，忘得也快。与其如此，不如跳出这个背得快、忘得快的怪圈。不要过于限定时间，慢慢背，慢慢品，似慢实快，让诗歌进入永久记忆中来，才会真正学有所获。

四曰"贪深"。

看看小学教材就知道，小学生刚刚开始背诵诗文时，应该以浅显生动，富有童趣的诗歌为主。要和儿童的生活，和他们有限的经验搭接起来，才能激发他们的兴趣。反之，就会让他们对诗文产生疏离感。我却看到有一些老师要求全体学生背诵诸如《琵琶行》《蜀道难》等长篇诗歌，并以此作为一种成绩来展示。

某种食物哪怕营养再丰富，也要到孩子具备了相当的消化能力吸收能力时食用才好。否则，非但起不到补充营养的作用，可能还会损害健康。诗歌也是如此，不是非要超越现有的能力阶段，读得越艰深越好。给孩子一种对诗歌的热爱，让他们在适合遇到某一类诗歌的年纪遇到它们才是最好的选择。

有鉴于此，我以为在教孩子背诵诗文的时候，需要注意以下几点。

我们不能以某一个国学大师小小年纪能背诵多少经典来衡量孩子。毕竟绝大多数孩子都是普通人，而不是天才。因此，需要按照合适的年龄来引领他们，而不是拔苗助长。

我们也不能以别人家的孩子都会背诵了多少诗歌来衡量自己家的孩子。每个孩子的特质不同，各有优势，也各有不足，一比较常常就会乱了脚步。因此，需要真正的细心观察，需要真正的因材施教。

我们还不能沾沾自喜于眼前的领先一步，而看不到潜在的风险。饮鸩止渴会立时毙命，人人避之唯恐不及，但长时间的信息过载所产生的危害就未必人人都能意识得到。因此，我们不能仅仅盯着当下，更要着眼未来。

学习古诗文的四个原则

教孩子学习古诗文，为了让孩子能够更好地接受，总要讲一点儿方法，讲一点儿技巧。但这些方法和技巧，其实背后是有相应的原则在起作用。我教孩子学习古诗文，会秉持这样"四个基本原则"。

1. 还原语境。

这里所说的还原语境，并不是单纯地指结合上下文理解文义，而是还原一种真实生活的语境。古典诗文中有那么多的春夏秋冬、风花雪月、离愁别恨、羁旅行役……大多并不是无病呻吟，而是诗人在特定的情境之中，用这些事物来记录生活，表达情感。所以我们在学习时要有意识地还原这种语境。

还原语境最简单的办法当然是语言模拟，以语言描述的方式还原，但这基本上还是从书本中来到书本中去，从纸面上来到纸面上去，只是虚拟而已。这种模拟对于还不具备丰富的生活经验和阅读经验的儿童而言，很难真切感受得到。

我所要做的不是这样的虚拟，而是真实的还原。春天，就讲一讲春天的诗歌；夏天，就讲一讲夏天的诗歌；下雨天，就讲一讲下雨的诗歌；刮风天，就讲一讲刮风的诗歌。这样真实的语境还原，更能让孩子感受到诗歌的魅力。

比如，初春时节，小草偷偷地从土里钻出来时，就会讲一讲韩愈的《早春呈水部张十八员外》："天街小雨润如酥，草色遥看近却无。最是一年春好处，绝胜烟柳满皇都。"我会带孩子实际地去感受小雨"润如酥"是什么感觉，体会草色可以遥看近却无是怎么回事，观察烟柳是一种什么样的状态，为什么"烟"和"柳"会联系起来。面对这种特定的真实情境，孩子可以很容易对诗文有更深入的理解。

再比如，夏天雷雨时，我会讲一讲苏轼的《六月二十七日望湖楼醉书》："黑云翻墨未遮山，白雨跳珠乱入船。卷地风来忽吹散，望湖楼下水如天。"除了"望湖楼下水如天"在城市生活中不容易接触，"六月的天，孩子的脸，说变就变"的特点在这首诗中很好地表现出来，短时雷雨大风的气象条件下，孩子学习这样的诗歌，会有更深刻的印象和感受。

可能有人会觉得这样做太难，尤其是对于诗词储备不多的人来说要求太高。但实际操作起来并不难，看看小学教材中的古诗词，里面就有非常多能够和现实联结起来的内容，也有很多分类选编的诗歌读本可供借鉴，只要有所准备，现炒现卖完全没有问题。

2. 趣味为先。

诗歌本身是有趣的，但其中蕴含的旨趣或者理趣，对孩子来说并不容易理解，他们更关注的趣味应该是具体可感的，是一下子就能抓得住的趣味。

比如，写雪的诗歌，"北国风光，千里冰封，万里雪飘（毛泽东的《沁园春·雪》）"固然气势恢宏，"尽道丰年瑞，丰年事若何。长安有贫者，为瑞不宜多（罗隐的《雪》）"固然情怀深重，但这些对孩子来说并不容易感受得到。

我倒是愿意先给孩子说说关于写雪的打油诗，比如："江上一笼统，井上黑窟窿。黄狗身上白，白狗身上肿。"又比如："大雪洋洋下，柴米都涨价，板凳当柴烧，吓得床儿怕。"这些诗几乎不怎么需要解释，孩子一下子就能感受到趣味了。

当然，从我们成人的角度而言，可能会觉得这种趣味有一点低端，不如那些从人生忧患、家国情怀中体会出来的旨趣或者理趣更高端。可是，应该什么年龄干什么事儿，太拔高了，实在会产生太多的问题。

我们的古诗中，充满童趣的诗歌本身就不多，孩子爱的是"忆年十五心尚孩，健如黄犊走复来。庭前八月梨枣熟，一日上树能千回"，不能理解的是"即今倏忽已五十，坐卧只多少行立。强将笑语供主人，悲见生涯百忧集（杜甫的《百忧集行》）"。不要刻意把孩子培养成大人，"少年老成"在很多人看来是一种难得的赞美，但是少年失去了少年的趣味，未尝不是一种人生的悲哀。

我对甚至要求孩子读《古诗十九首》深表怀疑。不是说《古诗十九首》不好，那是"诗中的诗"，完全无愧于"五言之冠冕"的美誉。但是，"生年不满百，常怀千岁忧。昼短苦夜长，何不秉烛游""青青陵上柏，磊磊涧中石。人生天地间，忽如远行客"，这些虽然没有任何一个生僻字，甚至也没有任何难于理解的语句，但对孩子来说，其中的人生况味又怎么能理解得了呢？

这涉及一个给孩子什么样的诗歌来读的问题。我们应该带给孩子的，不是教他会背多少诗，而应该是对诗的热爱。只有这样，他才有可能在合适的年纪读到合适的诗，在深受触动时，他才愿意把这些诗背下来，储存在头脑中。

3. 熟读成诵。

我们总是希望孩子能够把最好的诗文背下来，储存在头脑中，这样才能"腹有诗书气自华"。背下来可以作为一个目标，但如何达成这个目标则是个值得思考的问题。

朱熹在谈到读书时说："须要读得字字响亮，不可误一字，不可少一字，不可多一字，不可倒一字，不可牵强暗记，只是要多诵数遍，自然上口，久远不忘。"这种熟读成诵的办法在读诗时最值得揣摩应用。

"快"固然不错，但"慢"也不一定就是坏事。尤其是在我们希望让某些内容进入到永久记忆中去时，就更不该一味地只贪多求快，反而应该慢慢诵读，反复吟咏，直至熟读成诵。

一般我带孩子读诗时，从不强迫他背下来，尤其不强迫他立刻就背下来，而是一句一句地让他跟着我来读，然后再提示一句话的几个字，让他接着往下说，逐渐减少提示的字数，直到说出诗名就能背下来。

但这还不算完，在合适的情境下，就要把一些背诵过的诗拎出来，重复一两遍，重复的次数多了，这些诗就自然而然地进入到永久的记忆中，一辈子也不会忘记了。

当然，我也不是完全反对快，在孩子有兴致时，比比赛，看谁背得快，让头脑拉拉高速也没有任何问题，但一定要记得不是一次会背就算完成任务。对人生而言，在特定的情境下不断复现，激荡心灵才凸显诗的真正价值。

4. 理解应用。

其实，把诗文背下来并不是最终目的，最终的目的是要能理解能应用。这种理解和应用也不是指为了应对考试之类的功利性需求。一旦为了考试，就必然有一些所谓的套路在里面，就必然失去了读诗本身应有的很多趣味。

比如，当夏季来临，再提起《早春》这首诗，我就会很自然地问问孩子，你觉得韩愈的《早春》所描写的景色，和现在有什么不同。这种找不同，本身就是一种非常好的理解过程。

当然，除了找不同，也应该找相同，看出异中之同来。在极为炎热天气里，我会给孩子讲《水浒传》中白胜的一段唱词："赤日炎炎似火烧，野田禾稻半枯焦。农夫心内如汤煮，公子王孙把扇摇。"

"赤日炎炎似火烧"在此情此景之下非常容易理解，"野田禾稻半枯焦"这句看着那些打蔫的植物叶子，也不难理解，但"农夫心内如汤煮，公子王孙把扇摇"就不容易理解了。这时候我就讲另外一首有故事的打油诗："大雪纷纷落地，正是皇家瑞气。再下三年何妨，放你娘的狗屁。"孩子会觉得非常有趣，自然就理解了在不同情境之下，每个人因为立场不同，看法就会有所不同，甚至大不相同。

这样的诗，再和"春种一粒粟，秋收万颗子。四海无闲田，农夫犹饿死""昨日入城市，归来泪满巾。遍身罗绮者，不是养蚕人"等联系起来，理解就更深入了。当然，这些不可能一次讲给他，而是要慢慢输入，不断地扩展勾连，让孩子在潜移默化中得到思维的深化与提升。

如果要对如何教孩子学习古诗文这个问题做进一步的总结，我愿意这样来说：我只是用教普通孩子的逻辑来教他，我只是开启他对古诗文热爱的一种可能，潜移默化，耳濡目染，一切都不必急。

我这样教国学

一、实用与"大用"

"国学热"在改革开放以来，尤其是 21 世纪以来，一方面由民间推动，另一方面由政府的提倡，逐步升温。"国学到底有什么用？"很多人会追问这样一个问题，但回答这个问题，又实在太难，言人人殊。

对国学有较为深入了解的人，往往不屑于做这样的追问。因为一旦谈到关于国学有用的问题，他必然会有很多的例子，来谈国学中的"无用之用"，这种于人生的"大用"是他在学习国学的实践中亲身感受到的，所以，他们能谈得很广泛，很深入。

而对于国学仅仅是道听途说的人而言，他们在提出这个问题时，实际上往往不是在追问"无用之用"的问题，而是在追问"有用之用"的问题。也就是说，国学的实用性在哪里？国学既不能当饭吃，也不能当水喝，除了应对考试之外，还能用来干点儿什么？

后者实际上是很多学生的状态。在学习压力已经很大的情况下，再给他们补充扩展关于国学的相关内容，必然会让他们觉得是在额外增加负担。如果还是给他们讲"无用之用是为大用"，他们是很难听得进去的。对于人生的这种"无用之用"的大用不好讲，即便讲了，没有深入的学习经历，也很难体会到，而相对好讲的是关于考试的实用。于是，我在给学生讲国学的相关内容时，一方面固然要说"大用"的问题，但另一方面更要说"实用"的问题。通过讲"实用"，引起他们的重视，在点滴浸润中，慢慢让他们体会到国学对于人生成长的"大用"。

我在设计国学课学案时，正是采用这样的思路。我所选择的内容，诸如《声律启蒙》、古今名联、《论语》选读、中小学古诗及相关拓展，尽可能和考试内容及要求联系起来，让学生不断意识到，学习这些，对于提高考试成绩有很大的帮助。让他们先体会这种有用或者说是实用，随着阅历的不断丰富，他们自然就可以慢慢体会到国学对人生的"无用之用"。

二、造境与借境

我们的老师在上课的过程中，习惯采用情境导入的方式。但是，这种情境更多是有意设计的结果，学生能够明确地感受到"请君入瓮"的意味。这时，这种"造境"所达到的效果就弱化了很多。

学生对国学课本身就有疏离感，如果仍旧一成不变地采用"造境"的方式来上课，可能效果就会更差。为了在一定程度上规避这个问题，我在国学课上尽可能采用"借境"的方式，也就是充分利用任何一个可能的现实中正在发生的情境，来引入话题，激发学生的兴趣。比如，在刮大风的时候，我就和学生玩飞花令，说说带有"风"字的诗歌；在下大雨的时候，我就给学生讲一讲在古代经典中关于雨的描写有哪些，古人从这种天气现象中得到了什么样的启示；在学生发生矛盾、做错事，互相推卸责任的时候，我就给他们讲"君子求诸己，小人求诸人"，等等。这样的"借境"让学生在不经意中受到传统文化的熏陶，他们从心理上也更愿意接受。

当然，这个"借境"在具体操作过程中，远比"造境"要困难。因为"造境"是固定的，可控的，而"借境"则是随机的，不可控的。显然，"借境"需要老师有更多储备，要像魔术家的帽子一样，随时随地变出奇妙的东西来。为了能更好地"借境"，我会有意识地在这方面多做一些储备。比如，"春夏秋冬""风花雪月"等这些是在古诗文中常见的意象，我就会分门别类地系统整理；学生在学校的日常生活中会经常遇到什么样的问题，用经典可以做怎样的深入解读，我也会有意识地积累。在这些"境"发生的时候，学生会觉得老师是在不经意之中讲给他们听的，但他们并不知道这实际上是老师长时间有意识积累的结果。

三、单一与多元

国学的内涵和外延都极为广泛。对待国学的态度，每个人也大不一样。我虽然热爱国学，但绝不迷信国学。所谓"世异则事异，事异则备变"，虽然经典所讲的道理可以穿越时空而来，但是这种穿越时空，必然要和现实生活有机结合才能充分显示它的生命力。同时，国学也只是我们自己的传统文化，是人类文化的一部分，都是在适应它的时代和环境之下产生的。历史发展的事实表明，中华优秀传统文化正是在不断吸收外来的各种文化中不断前行发展，才有了生生不息的生命力。

因此，我在教学生国学的时候，会时时告诫他们，要有一颗中国心，但要做世界公民。要有世界的眼光，世界的胸怀，无论哪一种文化，只要是于我们有利的，都要拿来，都要为我们所用，这才是真正的文化自信。因此，除了我国的传统文化典籍，我也会不断地推荐世界各国的优秀作品给学生，让他们从小就受到最好的精神滋养。

传播优秀传统文化必将仍然是一个很艰难的过程，要耐得住寂寞，甚至要"知其不易而为之"。但无论如何，要记得，这是一个浸润的过程，是一个潜移默化的过程，不需要大张旗鼓，不需要轰轰烈烈。只要静下心来，不为名、不为利地去做，把这颗种子播撒下去，总有长成参天大树的那一天。

最后，用我和朋友共同撰写的一副对联自勉：

读诗书，羞为名，耻为利；
诵经典，出于口，入于心。

读写结合：以《从百草园到三味书屋》为例

俗话说："中学生有三怕，一怕文言文，二怕写作文，三怕周树人。"

之所以怕，是因为觉得难，又不知道应该如何去克服这个"难"。

要想写好作文，一个最常规的思路就是要读写结合。读是输入，写是输出，输入是为了输出，读是为了写。这个思路属于常识，但是在具体实践上做得远远不够，不能够很好地把读和写结合起来，反而读是读，写是写，两者割裂开来了，写作成了无源之水、无本之木，自然平地抠饼、对面拿贼的事儿做起来就难了。

读写结合，随时随地可以进行，不一定非要正儿八经地给个题目，抓耳挠腮花两节课时间，为了完成一次作文而完成一次作文。我主张将写作的训练分散开来，先从微写作开始，微写作又可以尝试着从仿写训练开始练习。

小学阶段，就经常做类似下面这样的仿句练习，甚至直到初中高中也有类似的考题：

没有一本书的家，是没有一朵花的花园；

没有一本书的家，是没有一只鸟的树林；

没有一本书的家，是没有一颗星的天空。

但比较遗憾的是，很多人只是把这个当成一个题型来训练，而不是把它当成一个写作的基本技能的训练。

写作是从模仿开始的，所以不妨找到最经典的文章，仔细琢磨学习并模仿其中的写作技巧，从中汲取营养，不一定只是仿句，还可以仿段，甚至是仿篇，逐步提高自己的写作水平。

下面以《从百草园到三味书屋》为例，谈几个可以用来做仿写练习的段落。

【例一】

原文：

不必说碧绿的菜畦，光滑的石井栏，高大的皂荚树，紫红的桑葚；也不必说鸣蝉在树叶里长吟，肥胖的黄蜂伏在菜花上，轻捷的叫天子（云雀）忽然从草间直窜向云霄里去了。单是周围的短短的泥墙根一带，就有无限趣味。油蛉在这里低唱，蟋蟀们在这里弹琴。翻开断砖来，有时会遇见蜈蚣；还有斑蝥，倘若用手指按住它的脊梁，便会啪的一声，从后窍喷出一阵烟雾。何首乌藤和木莲藤缠络着，木莲有莲房一般的果实，何首乌有拥肿的根。有人说，何首乌根是有像人形的，吃了便可以成仙，我于是常常拔它起来，牵连不断地拔起来，也曾因此弄坏了泥墙，却从来没有见过有一块根像人样。如果不怕刺，还可以摘到覆盆子，像小珊瑚珠攒成的小球，又酸又甜，色味都比桑葚要好得远。

仿写点：

1.学习模仿关联词的巧妙使用。以"不必说……也不必说……单是……"作为主干，来围绕一个主题写一段话，描写一个场景。"不必说……也不必说……"看似是否定，但实际上是自然而然地把某一些想说的内容带出来。"单是……"轻巧一转，将所描述的对象范围缩小聚焦起来。这样一段话中既有宽泛的描写，又有细节的突出，就真正做到了点面结合。

2.学习模仿句式的整散结合。"碧绿的菜畦，光滑的石井栏……""鸣蝉在树叶里长吟，肥胖的黄蜂伏在菜花上……"这两个句式整齐一致中又有变化，前者都是偏正短语，后者都是主谓短语。"油蛉在这里低唱，蟋蟀们在这里弹琴。翻开断砖来，有时会遇见蜈蚣；还有斑蝥，倘若用手指按住它的脊梁，便会啪的一声，从后窍喷出一阵烟雾。……"这几句用两句句式完全一致的主谓短语开头，然后一变而为散句。整段文字整散结合，充分发挥了汉语的整齐与参差之美的特质。

3.学习模仿描写的顺序。这段文字在空间顺序和逻辑顺序上有明确的思考和安排。比如，"碧绿的菜畦，光滑的石井栏，高大的皂荚树，紫红的桑葚"就是典型的观察顺序中的由低到高。整段文字在逻辑顺序上体现出从整体到局部的明显特征。

【例二】

原文：

长的草里是不去的，因为相传这园里有一条很大的赤练蛇。

长妈妈曾经讲给我一个故事听：先前，有一个读书人住在古庙里用功，晚间，在院子里纳凉的时候，突然听到有人在叫他。答应着，四面看时，却见一个美女的脸露在墙头上，向他一笑，隐去了。他很高兴；但竟给那走来和他夜谈的老和尚识破了机关。说他脸上有些妖气，一定遇见"美女蛇"了；这是人首蛇身的怪物，能唤人名，倘一答应，夜间便要来吃这人的肉的。他自然吓得要死，而那老和尚却道无妨，给他一个小盒子，说只要放在枕边，便可高枕而卧。他虽然照样办，却总是睡不着——当然睡不着的。到半夜，果然来了，沙沙沙！门外像是风雨声。他正抖作一团时，却听得豁的一声，一道金光从枕边飞出，外面便什么声音也没有了，那金光也就飞回来，敛在盒子里。后来呢？后来，老和尚说，这是飞蜈蚣，它能吸蛇的脑髓，美女蛇就被它治死了。结末的教训是：所以倘有陌生的声音叫你的名字，你万万不可答应他。

仿写点：

1.学习调整语句先后顺序，激发读者阅读兴趣。比如："长的草里是不去的，因为相传这园里有一条很大的赤练蛇"这句话，如果调换成"因为相传这园里有一条很大的赤练蛇，所以长的草里是不去的"，看似意思没有变化，但是表达效果已经相去甚远。前者慢慢读，能激发兴趣，会有为什么"长的草里是不去的"的问号出现，而变成后者之后，这个效果就完全消失了。

2.学习把应该省略的词语省略掉，使得语句更简练。比如："先前，有一个读书人住在古庙里用功，晚间，（读书人）在院子里纳凉的时候，（读书人）突然听到有人在叫他。（读书人）答应着，（读书人）四面看时，（读书人）却见一个美女的脸露在墙头上，（美女）向他一笑，（美女）隐去了。"写作时，要想着如何尽量把括号中应该省略的部分都省略掉，然后语言才能看起来更简洁。

3.学习设置悬念，不要只是会平铺直叙。比如："后来，老和尚说，这是飞蜈蚣，它能吸蛇的脑髓，美女蛇就被它治死了。"如果这个故事末尾的补充交代放在前面去，老和尚在给读书人小盒子时，就说这里面是飞蜈蚣，它能吸蛇的脑髓，可以高枕而卧，那这个故事的悬念就没有了。

【例三】

原文：

拍雪人（将自己的全形印在雪上）和塑雪罗汉需要人们鉴赏，这是荒园，人迹罕至，所以不相宜，只好来捕鸟。薄薄的雪，是不行的；总须积雪盖了地面一两天，鸟雀们久已无处觅食的时候才好。扫开一块雪，露出地面，用一支短棒支起一面大的竹筛来，下面撒些秕谷，棒上系一条长绳，人远远地牵着，看鸟雀下来啄食，走到竹筛底下的时候，将绳子一拉，便罩住了。但所得的是麻雀居多，也有白颊的"张飞鸟"，性子很躁，养不过夜的。

仿写点：

1.学习将一个带有系列动作的事件按照先后顺序表达清楚。这一段将捕鸟这个过程先后顺序说得清清楚楚。这个看似不难，但真正写起来并不容易。除了先后顺序不能紊乱之外，还要注意不要滥用"先""然后""接着""后来"等词语，该省略的要省略。

2.学习如何使用最普通的词语表达最准确的意思。在描述捕鸟这个过程中使用的"扫""支""撒""系""牵""看""拉""罩"等，都是非常普通的动词，却极为准确。虽然在语言中有很多近义词，看似可以随意替换，但是，在特定的语境中，一定有一个最为恰切的词，这个词从严格意义上来说，是不可替代的，写作中要努力找到这个词。

【例四】

原文：

于是大家放开喉咙读一阵书，真是人声鼎沸。有念"仁远乎哉我欲仁斯仁至矣"的，有念"笑人齿缺曰狗窦大开"的，有念"上九潜龙勿用"的，有念"厥土下上上错厥贡苞茅橘柚"的……

先生自己也念书。后来，我们的声音便低下去，静下去了，只有他还大声朗读着：——

"铁如意，指挥倜傥，一座皆惊呢～～；金巨罗，颠倒淋漓噫，千杯未醉嗬～～……"

我疑心这是极好的文章，因为读到这里，他总是微笑起来，而且将头仰起，摇着，向后面拗过去，拗过去。

仿写点：

1. 学习"概括＋具体"或"抽象＋具体"这种总分结合的表达方式。比如，"于是大家放开喉咙读一阵书，真是人声鼎沸"，这一句就是概括的，接下来用"有念……有念……有念……"，将这个"人声鼎沸"具体化。只有概括而无具体，文章会显得枯燥无味，只有具体而无概括，文章则可能显得凌乱缺乏纲目，只有概括与具体结合起来，文章才看起来结构清楚，疏密分明。

2. 学习点面结合描述一个场景。写学生读书的部分是一个大的面，而写老师读书的部分是一个小的点，先写大的面，再写小的点，仿佛是电影中镜头的使用，先是长镜头，展示全景，然后慢慢一点点拉近，展示特写。

《从百草园到三味书屋》是一篇极为经典的文章，我们能够从中汲取的营养有很多，即使单纯从仿写角度而言，就绝对不止于我所列举的这几个段落。即使是我所用来举例的段落，能仿写的也不止是我所谈到的那几个仿写点。怎么能发现这些经典文章在学习写作上的价值？我个人的经验是要反复读，甚至要尝试着背诵下来。

我正是在尝试着背诵《从百草园到三味书屋》的过程中，逐步发现这样一些仿写点。因为初步了解和把握文章具体的内容，做简要复述不难，但要把这些内容详细复述甚至背诵出来，就难免在很多记不住原文的地方不断地用自己的话来说，而把自己的习惯性表达和作者的原文对比一下，自然就能够看出高下，就能够发现问题了。

当然，在教学过程中，也不是要把每一个段落都掰开揉碎了来讲，目无全牛也是不行的。这样的仿写练习可以选择一两个点去做。而且，建立这样一种仿写的意识之后，其实，很多经典的文章都可以随时随地地抽出若干语段来作为仿写的素材，由此训练各种各样的基本写作技法。

当各种各样的基本写作技法学会之后，再整合起来，写作的难度就小得多了。就仿佛是踢足球一样，最初可能要学习诸如停球、带球、射门等基本动作，当这些基本动作都比较熟练之后，才慢慢串联起来，而不是在基本动作都没学会之前，就要上场比赛，那只能是乱踢一气，对真正提高水平没有任何帮助。

坚持读书，坚持写作——语文学习的两大法宝

特殊时期，家长和学生可能会觉得不在学校上课，课程就会落下了。

从语文学习的角度来说，我作为语文老师一点儿都不担心。因为我从来不觉得必须是学生在课堂上板板地坐在那里听老师讲课文才是学语文，也从来不觉得下了课踏踏实实完成相关作业练习才是学语文。相反，我以为那些实际上都是比较低效的语文学习方式。

那什么是高效的方式呢？就语文学习来说，简言之，就是坚持两条腿走路：一条坚持读书，一条坚持写作。前者是输入，后者是输出。高效的方式，就是用思维将两者连接起来。

初一伊始，我在课堂上就不断强调语文学习务必要多读书，多思考，先解决输入的问题，然后再考虑输出的问题。到寒假，我还给他们推荐了四五本书，希望作为假期阅读的内容。很不巧，寒假还没有结束，疫情就来了，一定程度上打断了我计划中的下一步安排，各种云课堂上线了，各种居家学习的课表排定了，学生的居家学习逐步开展。在此过程中，我是严格执行教育主管部门规定的不打卡、不收作业等相关要求。当然，这可能会遭到一部分人的误解，以为我这个老师不太负责任。

事实上教育从来就不该是轰轰烈烈的，而应该是润物无声的。只关注面子，而不关注里子的，不是真正的教育，那只是表演而已。

我在班级的读书群中，经常会提供一些各种各样的阅读资料，甚至有一些资料之间，本身就是自相矛盾的。但这些资料又都是我经过精心选择的，实际上我希望通过阅读这些材料，激发学生的阅读兴趣，引导学生增强思考辨别的能力。

接下来，我想说说除了引导学生坚持阅读之外，我已经开始并准备持续做下去的一个工作，那就是"每日写作计划"。

一、为什么要坚持写作

第一，为中考。老师不能等到初三才着急想作文怎么办的问题，有针对性的短期训练一定程度上可以提高应试作文的水平，但是对真正写作水平的提升帮助不大。

第二，为人生。学生将来无论走上什么工作岗位，写作都是必不可少的能力，如果这一能力缺失，将来会遇到很多麻烦。

基于以上两点考虑，写作的事情应该提早准备。这里我引用了三则在课堂上讲过的名言。

> 凡事预则立，不预则废。——《中庸》
> 宜未雨而绸缪，勿临渴而掘井。——《朱子治家格言》
> 故夫河冰结合，非一日之寒；积土成山，非斯须之作。——《论衡》

居家学习，可以说既是"危"更是"机"。要化危为机，关键在于目标明确，方法得当，行动有力。

二、坚持写作的意义

在谈及这个问题时，我给学生讲了一段《东坡志林》中"欧阳修论作文"

的内容。

> 顷岁孙莘老识欧阳文忠公，尝乘间以文字问之。云："无它术，惟勤读书而多为之，自工；世人患作文字少，又懒读书，每一篇出，即求过人，如此少有至者。疵病不必待人指摘，多作自能见之。"此公以其尝试者告人，故尤有味。

当有人问欧阳修写作秘诀时，欧阳修的回答是"无它术"，意思就是没什么秘诀。如果非要说有秘诀，那只有两条道路可供选择，一个是"勤读书"，一个是"多为之"。依然无非也就是"输入"和"输出"而已。

除了这个欧阳修论作文之外，还给学生讲解了苏轼的《文说》。

> 吾文如万斛泉源，不择地而出，在平地滔滔汩汩，虽一日千里无难。及其与山石曲折、随物赋形而不可知也。所可知者，常行于所当行，常止于不可不止，如是而已矣，其他虽吾亦不能知也。

苏轼谈及作文之道的时候强调要"有写作的感觉"，要特别想写的时候再写，要顺其自然，但如何能达到这样的状态呢？依然是欧阳修所说的"勤读书而多为之"。

三、计划实施的几点原则

1. 自愿报名。

我在班级读书群中接龙，每个人自愿报名，写明计划每天写多少字。我自己的计划是每天至少写一千字以上，只让学生写，老师自己不写是不行的，那样没有说服力。学生有报写两百字、三百字的，也有四五百字的。

2. 自由写作。

没有任何指定的写作内容的要求，想写什么就写什么，想怎么写就怎么写。可以通过读书群交给老师，也可以通过微信单独交给老师。当然，不想交，不愿意分享也没有关系。但是人最不能欺骗的就是自己，自己是否真实做到了，只有自己知道，所谓"毋自欺也""君子必慎其独也"。

3. 持之以恒。

定下了每天写多少字，就一定争取坚持完成，如果实在有特殊情况当天没有完成，也应该在第二天及时补上。也不要当成一个任务完成，有话则长，无话则短。如果当天想写的内容很多，远超出了原来计划的写作字数，那也要争取一口气写完，不要让这种写作的感觉凉下来。

最要紧的是每日坚持，不要三天打鱼，两天晒网。讲到这里，为了进一步说明问题，我引用了给学生讲过的胡居仁自勉联：

苟有恒，何必三更眠五更起；

最无益，莫过一日曝十日寒。

四、关于写作内容的进一步提示

虽然这个坚持写作的计划实施完全自愿、自由，但如果彻底撒开，很多学生依然会觉得比较茫然，真不知道能写什么，所以我又给了他们一些提示。

可以从"四个一"着手来写，即一个人、一件事、一处景物、一个观点。

这"四个一"，实际上是中考，高考，乃至以后作文的简化版，无非就是写人、叙事，就是写景抒情，就是议论说明而已。可以先从小处着手，写一点点，写一个局部，为将来的更为复杂的写作做准备。

这个计划一旦开始实施，在返校上课之前，每天都要争取完成。有一些学生已经行动起来，陆续分享了一些内容。将来返校之后，仍然会接着做，只不过是强度和频率稍稍减弱，不一定是每天，而是每周两到三次。但我相信，养成习惯、愿意写的同学，一定依然会坚持写下来。

个人以为，那些能够扎扎实实把这个写作计划落实下来的同学，将来面对中考作文也好，还是高考作文也好，那都是小菜一碟，"任凭风浪起，稳坐钓鱼船"。

我作为老师能做什么呢？一个是成为一个榜样，我也每天坚持读书，坚持写作，只会比他们做得更多；另外一个就是我愿意成为一个平等的交流者，愿意给学生的习作提一点儿建设性的意见。

给新入职语文老师的一些建议

虽然到今年，我已经有二十多年的教龄，但是，在青年教师面前，依然不敢摆老资格。因为并不是说工作时间长，就一定经验丰富，很多时候，教龄和经验，教龄和能力并不成正比。

因为大多数时候是自己摸着石头过河，所以，这些年来在教育教学中走过很多弯路，磕磕绊绊，甚至有时候碰得头破血流。从这个意义上来说，我的教训要大于经验，我愿意把这些经历拿出来和新入职的朋友说一说。

第一，课堂规矩要简明。

没有规矩，不成方圆。新入职的老师，往往会很关注如何给学生立规矩的问题。立规固然很重要，但是切忌把规矩制定得繁多而细碎。繁多而细碎的规矩只是看起来很美，一旦落实起来，就会发现问题多多。在学生面前申明了这些规矩，既不能不落实，又不能坚持，结果只会让学生更随意，老师就会陷入无穷尽的麻烦之中。因此，课堂规矩要简明。

我一般接手新班级，上第一节课，唯一申明的规矩就是"课堂上只能有一个声音"。展开来一点儿说：老师讲课的时候，同学要保持安静，认真倾听；同学回答问题时，老师和其他同学也要保持安静，认真倾听。唯有如此，才能保证课堂的基本秩序，才能顺利地把课讲好。

立规不难，但难在成习。要让学生养成这样的习惯，那就要每时每刻都贯彻这个规矩。一旦有学生讲话，那老师就要立刻停下来，什么时候安静了什么时候再讲。不要担心课程进度完不成，就勉勉强强地往下讲，那样只会越来越坏。更不要试图用提高声音的方式来压住学生的声音，你一个人的声音根本不可能压住几十个人的声音。老师强大的气场要慢慢养成，切忌大呼小叫，甚至声嘶力竭。

第二，授课内容要精练。

新教师入职，需要面对的一大任务就是备课。但在备课过程中，往往最难的问题不是讲什么，而是怎么讲、讲多少的问题。新教师因为缺少实际的教学经验，更多的还是基于自己的知识背景和学习经验的思考，这时候难免容易脱离中小学生的实际水平。

因此，新教师要通过课堂上的不断观察，了解学生的实际水平，搞清楚重点和难点在哪里。不要一下子想着把很多知识一股脑儿地塞给他们，更不要拔苗助长，欲速则不达，贪多嚼不烂，一旦米饭做夹生了，就很难再做熟。要多给他们讲方法，少给他们讲知识。所谓授人以鱼不如授人以渔。

备课和讲课关系很密切，但两者又不能画等号，不能老师备多少，就一定要给学生讲多少。往往是要备得很多，但要讲得很少。要有意识、有决心随着课堂教学的开展，根据学生的实际情况砍掉很多备课时已经准备好的内容，能做到"一课一得"就很好，甚至"多课一得"也没问题。

第三，教学方式要质朴。

教学理念决定教学行为。有什么样的教学理念，就会有什么样的教学方式。但对刚刚入职的新老师来说，还没有具体的教学实践，所以也谈不上系统的教学理念。这时候从一定程度上来说是白纸一张，可以任意描画。

不过，正因为是白纸一张，可以任意描画，所以更要慎之又慎。近年来，各种新的教育理念、新的教学方式层出不穷，他们自我标榜，又互相标榜。对这些所谓的"新"，要心生警惕，不要盲目跟风。与其盲目跟风，不如老老实实去读一读经典文献，看看经过时间考验、卓然自成一家的老一辈语文人是如何谈语文教育、谈语文教学的。只有搞清楚传统，才有可能准确把握未来发展的方向。

要去追求教学的真本领。一张嘴、一块黑板、一支粉笔就能上一节好课，这应该成为新老师最基本的追求。上课不是表演，不是要一味显示老师有什么本领，而是要关注学生学到了什么。不要一上课，就想着用 PPT，就想着用多媒体。时间一长，教师很可能沦为 PPT 朗读者，没有 PPT，就不知道该如何上课。

我并不反对这些新的教学方式，但我反对花里胡哨，反感华而不实。教学的本质是师生之间的互动，如果这些新方式的使用，非但不能增强，反而削弱了师生之间的互动，那么这些方式不用也罢。

第四，课后反思要扎实。

很多时候，不管是新教师，还是老教师，都觉得一节课上完就算完成任务了。其实这一节课上完之后，还远远谈不上结束。上一节课的结束，意味着下一节课的开始。如果想在新一节课的教学上能有所进步，那么必须要对上一节课有所反思。

课后反思不是简单地想一想，或者说一说就完了。因为时间一长，很可能就忘记了。最好还是要动笔写下来，记录一下这节课讲了什么，怎么讲的，又为什么这么讲；有哪些得，有哪些失。

这样偶尔一节两节记录下来的课后反思，于自身教学水平提高助益不大。但如果每节课都有所记录，有话则长，无话则短，即使有时候看起来似乎是流水账，但假以时日，这将成为一位优秀老师难得的成长记录，则成为一笔宝贵的财富。

以上所言，并不是我从一开始工作时，就想得很清楚，做得很明白的，恰恰相反，这些都是我工作以来磕磕绊绊、跌跌撞撞，甚至头破血流之后的思考和实践。有很多完全谈不上经验，更多的只有教训。直到现在，我也还在不断摸索中前进着。

作为一线普通老教师，我姑妄言之，请将要入职的青年教师姑妄听之。

第二章

课堂内外，为能力做加法

语文课上的"借境"

孔夫子，议论文，奥特曼。

乍一看，这三者完全风马牛不相及，怎么就能凑在一起呢？在我的课堂上这三者还真就凑在一起了。

课前，早去了教室两三分钟，没承想看到了两位男同学正在脸红脖子粗地争执，甚至要动起手来，旁边还有几位同学在劝架。我要求他们立刻终止这场冲突。

随着上课铃打响，两位同学的冲突按下了暂停键，但大多数同学还在观望着老师准备怎么说这件事，于是我就从这个冲突说起，来一段"子曰诗云"。

虽然矛盾是普遍存在的，但是具体矛盾需要具体分析，我随手引用了《论语》中的两句话来谈我的看法。

一句是孔子和弟子樊迟对话的一部分。当樊迟问孔子"崇德，修慝，辨惑"时，对如何"辨惑"，孔子的回答是："一朝之忿，忘其身，以及其亲，非惑与？"

另一句是孔子所说的"君子有九思"中的一部分，就是"忿思难"。

这两句话是什么意思呢？简而言之，就是一个人在生气恼怒时，一定要想办法冷静下来，要考虑由此可能产生的不良后果。冲动是魔鬼，如果不能控制自己，那么很可能不但伤害自己，而且还会连累亲人，这实在是一种糊涂蛋的行为。

教室里到处都是桌椅板凳，如果一旦动起手来，很容易造成身体伤害，轻则皮外伤，重则可能致残甚至危及生命，这在很多学校都曾经发生过。青少年时期，最容易头脑发热，冲动之下不计后果，而一旦后果真的发生，却很可能无法承担，一辈子都有可能被一次冲动毁掉了。所以，冲动之下，一定要"三思而后行"。

如果非要较量，那么，不妨去操场沙坑里摔一跤，或者准备好护具，戴好头盔和拳击手套，到教室外空地上痛快淋漓地打上一场，这都不失为一种好的选择。

我给学生讲这些的目的是什么呢？主要目的当然是劝架，是教育。但另外一个目的，是正好借此切入本次课准备讲的主要内容——议论文。

九年级上册语文，学完了第一单元现代诗歌，要进入第二单元议论文的学习。从教材选文来说，虽然都是议论文，但有相当难度，不是那种简单明了的议论文。

如果直接用这些课文切入对议论文相关知识的学习，老师不大容易讲清楚，学生也不太容易弄明白。所以，我决定先讲一个绪论，专门用一节课说说议论文的主要知识框架。

这一通"子曰诗云"，就是在说理，如果落到纸面上，就是一篇议论文。议论文就是说理的文章，虽然直到初三阶段，才开始正式学习议论文，但实际上议论文早已无处不在，只不过到现在我们才准备正儿八经地学一学相关知识而已。

但只是讲议论文的文体知识，什么论题、论点、论据、论证、语言等，会比较枯燥。所以，我以最近比较热门的话题"迪迦奥特曼下架"为抓手，让学生谈观点，谈论据，谈如何论证等，由此自然而然地学习议论文的相关知识。

学生的参与度出奇的高，很多学生都在认真思索，他们能够从不同角度分析这个问题，真正做到了有理有据。

比如，就"迪迦奥特曼是否该下架"这个论题，就有同学提出这样一些观点。

1. 下架奥特曼并不是约束青少年行为的最好方法。

2. 预防文化入侵，树立文化自信，不应以下架外国作品为主要手段。

3. 家长不能简单将孩子的不良行为归咎于奥特曼的影响。

4. 奥特曼对青少年正面影响大于负面影响。

……

这样一些观点，完全超出了我的预期，已经不是简单的支持或者反对，而是能够看到对问题思考的不同角度、不同深度了。

我提示同学，提出中心论点之后，还可以把这个中心论点做进一步拆分，设置若干分论点。很多同学行动起来，有的在课上直接提出了自己的思考，还有的课下交给我更为详细的文字稿。

比如，就"预防文化入侵，树立文化自信，不应以下架外国作品为主要手段"这个中心论点，就设置了"建立文化自信的主要方式不应以驱逐外来作品为主"和"建立文化自信应当依靠弘扬本国的优质文化作品"两个分论点。

"奥特曼对青少年正面影响大于负面影响"这个中心论点之下，就设置了"奥特曼的行为大概率不会被模仿"，"奥特曼引导了正确的价值观"和"青少年不能只接受'善良'的信息传递，也应该知道'邪恶'的存在，才能更好地保护自己"三个分论点。

但仅仅提出观点，甚至是确立了分论点还远远不够。说理，不能只是说自己主张什么、反对什么，而更要说清楚自己为什么主张，为什么反对，依据是什么。所以，必须还要有相应的论据来支撑这个观点。

论据一般包含两个方面，一个是事实论据，一个是道理论据。而在运用这些事实论据和道理论据论述观点的过程中，自然就涉及论证方法的问题。初中阶段主要需要掌握例证、引证、对比论证和比喻论证等几种方法。

事实论据部分，同学们谈关于奥特曼中的暴力因素所占的比例问题，谈儿童成长受到多种因素影响的问题。而道理论据部分，除了尝试引用一些名人名言之外，还谈及正义战胜邪恶对儿童价值观形成的影响，又讨论了如果以这样的标准来处理，是不是四大名著都应该下架，或者四大名著也要出完全的"洁本"这些衍生问题。

我又告诉他们，如果让一个孩子完全生活在无菌的环境中，科学证明这样做并不能让孩子健康成长，反而可能会让孩子脆弱到完全无法抵抗任何病毒的侵袭。这也可以作为一个比喻论证来证明相应的观点。

就这样，围绕着"迪迦奥特曼下架"事件，我一边介绍议论文的相关知识，一边引导学生现炒现卖，运用这些知识，加深对这些知识的理解。因为是刚刚接触议论文，虽然学生所谈的内容说不上有多严谨多深入，但从初步了解议论文这个目的来说，已经足够了，可以说达到了非常好的效果。

我想，今天的学生，不能只是"两耳不闻窗外事，一心只读圣贤书"。实际上，现在中考也好，高考也罢，阅读材料以及作文所涉及的内容非常之广泛。为了让学生适应这种内容的广泛性，就要提前有所准备，但是这个工作不能围绕着考试题转，如果只是一门心思做题，那就落后了，而必须要学生养成一种随时"睁眼看世界"的习惯。

另外，这节课之所以能取得比较好的效果，是因为它充分体现了语文课堂和现实生活的紧密结合。无论是孔夫子，还是迪迦奥特曼，都是学生正在接触、正在经历的事，所以他们更感兴趣，更愿意做出思考。这就是课堂上的"借境"而不是"造境"。

虽然同样是"境"，但"借境"与"造境"所达到的效果完全不同。前者自然而然，后者则多少有那么些矫揉造作。

我追求课堂的自然、自在，而尽可能避免伪饰、功利，也就是要多"借境"，少"造境"，尤其不要去造一个假的情境，或者脱离实际学习去做一个机械的练习。

开学复课，从一副对联讲起

开学第二周的第一节课，我围绕着一副对联来讲。

莫放春秋佳日过，
最难风雨故人来。

早在五月初高三复课之时，我就通过学校的公众号看到了写有这副对联的

大展板，正立在学校校门的入口处，看到之后就一阵感动。当时就想到，一旦我教的初一学生复课之后，一定要围绕着这副对联讲一讲，因为一方面时时处处皆是语文，这是极好的语文资源；另一方面这又是极好的学校文化底蕴的展现，可以在潜移默化中让学生以学校为荣。

这一节课我主要讲了下面五个方面的问题。

一、对联作者

该对联据传为清代乾嘉时期的著名学者、藏书家、书法家孙星衍所写。他以篆书写成的纸本稿，曾出现在 2010 年北京嘉德春季拍卖会上，拍卖底价 5 万元，最后以 22.4 万元成交。

说价格，不只是说字写得好，也因为这副书法作品的内容好，深得人们的喜爱。在今天扬州的著名园林建筑何园（曾经是一个姓何的官员归隐之后的府邸）中，就有一处厅堂挂有这副对联。

当然，也有人研究，该对联可能不是孙星衍原创，而是他同时期的另外一位名叫宋湘的人所撰写。孙星衍只是摘录了宋湘这副长联的最末两句。

上联：今日之东，明日之西，青山叠叠，绿水悠悠。走不尽楚峡秦川，填不满心潭欲壑。力兮项羽，智兮曹操，乌江赤壁空烦恼！忙什么，请汝静坐片时，把寸心想后思前，得安闲处且安闲，莫教春秋佳日过。

下联：这条路来，那条路去，风尘仆仆，驿站迢迢。带不去白璧黄金，留不住朱颜皓齿。富若石崇，贵若杨素，绿珠红拂终成梦！恨怎的，劝君解下数枚，沽一壶猜三度四，遇畅饮时须畅饮，最难风雨故人来。

宋湘这副长联因为时间原因，课上没有讲，但是提到了，相信会有感兴趣的同学课下查找相关资料阅读。

二、基本意思

这副对联的基本意思不难理解，但是我在带领学生理解这副对联的基本意思时，抓住一些关键词做了一些扩展。

比如，"莫"字，除了简单理解为否定词"不"或者"不要"之外，我还要求他们说一说带有"莫"字的古诗。老师引导，他们又相互补充，说到了如下这样一些诗句。

> 莫笑农家腊酒浑，丰年留客足鸡豚。
> 莫愁前路无知己，天下谁人不识君。
> 有花堪折直须折，莫待无花空折枝。
> 人生得意须尽欢，莫使金樽空对月。
> 莫道不消魂，帘卷西风，人比黄花瘦。
> 打起黄莺儿，莫教枝上啼。
> ……

看起来好像是说了很多不相干的内容，但实际上恰是希望他们借助经典语境，准确把握"莫"字的基本含义，这样，远比单摆浮搁记住一个字一句话要牢靠得多，同时，也能理解得更为深入。而且，所提及的诗句基本上是小学或者初中阶段最为常见的诗句，由此起到了温故知新的效果。后面涉及的诗句拓展皆是如此。

"佳日"也基本上做了同样的处理。其中"佳"还扩展了一些常见的词语，诸如"佳作、佳句、佳肴、佳期、佳节、佳话"等。然后再扩展相关的诗句。比如：

> 独在异乡为异客，每逢佳节倍思亲。

后宫佳丽三千人，三千宠爱在一身。

柔情似水，佳期如梦，忍顾鹊桥归路？

……

这样就把"佳"字的"美好"这一意思让学生更深入地把握了。"佳日"理解为"美好的日子"也就水到渠成了。

"莫放春秋佳日过"，就是不要让春天秋天这样美好的时光随随便便流过，要欣赏，要享受，要珍惜。

"最"是什么意思？这似乎不需要解释。但是我偏偏让学生解释一下，实际上学生并不容易准确将"最"解释为"程度到了极致"。不以词解词，要变换词语对某些常见的字词做出解释，本身也是一种语文的能力。

带有"最"的古诗：

江南忆，最忆是杭州。

最是一年春好处，绝胜烟柳满皇都。

不畏浮云遮望眼，自缘身在最高层。

……

"难"就是不易。那最难难到什么程度呢？这时候，有一神来之笔，我用李白的"蜀道之难，难于上青天"来解释这个"最难"。

但这副对联不是在谈"蜀道难"，而是在谈"风雨故人来"最难。

"故人"，老朋友。带有"故人"的诗句：

故人西辞黄鹤楼，烟花三月下扬州。

劝君更尽一杯酒，西出阳关无故人。

故人具鸡黍，邀我至田家。

……

关于"风雨"没有做更多的解释，这个放在后面的环节中进一步揭示了。"最难风雨故人来"，意思是最不容易的是在风雨之中，有老朋友前来拜访。

三、对联出处

古人写作多讲究"无一字无来处"，有原创，更有继承。

上联"莫放春秋佳日过"出自陶渊明的诗《移居》："春秋多佳日，登高赋新诗。"

下联"最难风雨故人来"化用自杜甫的散文《秋述》："常时车马之客，旧，雨来；今，雨不来。"平常时节的一些乘车骑马的客人，原来的时候，下雨也来；但今天，下雨就不再来了。

为什么有这样的变化呢？

杜甫写《秋述》时四十岁，正好是玄宗天宝十年（751年）。当时他到长安求仕，恰遇李林甫当政，仕进无门，病卧长安，是人生极其失意之时。从杜甫的这篇文章看，"雨"绝对不是单纯指自然的风雨，更有心灵的风雨、人生的风雨、社会的风雨。

有一个成语叫作"旧雨新知"，就出自此。"旧雨"，代表老朋友；"今雨"代表新朋友。有一些书斋、茶馆的字号命名为"雨来轩""今雨来轩""旧雨来轩"等，也是出自杜甫的这篇散文，强调新朋旧友的聚会。

四、深入理解

对于诗句，理解上不能只是停留在字面意思，还要深入挖掘体会。

比如"莫放春秋佳日过"中，何以"春秋"是佳日，"冬夏"就不是佳日？夏日炎炎，冬季寒冷，当然算不上佳日，这很好理解。但那只是排除了"冬夏"不是佳日。"春秋"是佳日，我们有什么依据吗？

通过这个问题，我带着学生把小学和初中比较熟悉的有关春秋的诗歌都基本复习了一遍。而且，不是所有的写春写秋的诗歌都包含在内，要排除掉那些虽然写春写秋，但不是写"佳日"的。

其中，春天的诗歌涉及了《春晓》《早春呈水部张十八员外》《绝句·迟日江山丽》《绝句·两个黄鹂鸣翠柳》《江畔独步寻花·黄四娘家花满蹊》《江畔独步寻花·黄师塔前江水东》《春夜喜雨》《钱塘湖春行》《惠崇春江晚景》《渔歌子·西塞山前白鹭飞》等。因为这些诗大家都比较熟悉，我就不一一罗列原文了。

有学生提到了朱熹的《春日》："胜日寻芳泗水滨，无边光景一时新。等闲识得东风面，万紫千红总是春。"我提示他们，从本质上来说这是一首写读书的诗，而不是写春天的诗。

还有学生提到杜牧的《江南春绝句》："千里莺啼绿映红，水村山郭酒旗风。南朝四百八十寺，多少楼台烟雨中。"我提示他们，这首诗实际上是一首怀古诗，当然，也写到了江南春天的美景。

除了这些，学生忘了小学学过的清代诗人高鼎的《村居》："草长莺飞二月天，拂堤杨柳醉春烟。儿童散学归来早，忙趁东风放纸鸢。"这实在是一首很能体现春日是佳日的诗歌，可惜我也忘记说给他们听了，下次可以补充一下。

相比于"春日美景"，因为伤秋、悲秋的传统，写秋日美景的似乎不多。不过，也有一些大家比较熟悉，比较有名。比如，刘禹锡的《秋词二首》。

自古逢秋悲寂寥，我言秋日胜春朝。

晴空一鹤排云上，便引诗情到碧霄。

山明水净夜来霜，数树深红出浅黄。

试上高楼清入骨，岂如春色嗾人狂。

刘禹锡还有《望洞庭》："湖光秋月两相和，潭面无风镜未磨。遥望洞庭山水翠，白银盘里一青螺。"这是小学学过的古诗。

还有大家比较熟悉的杜牧的《山行》："远上寒山石径斜，白云生处有人家。停车坐爱枫林晚，霜叶红于二月花。"王维的《山居秋暝》："空山新雨后，天气晚来秋。明月松间照，清泉石上流。竹喧归浣女，莲动下渔舟。随意春芳歇，王孙自可留。"苏轼的《赠刘景文》："荷尽已无擎雨盖，菊残犹有傲霜枝。一年好景君须记，最是橙黄橘绿时。"这首诗写的是深秋初冬的景象。以上这些也都是小学学过的古诗。

除此之外，我还引导他们补充了王勃《滕王阁序》中的名句："落霞与孤鹜齐飞，秋水共长天一色。"还补充了另外两首比较有意思的写关于秋天的诗歌。

题秋江独钓图

［清］王士禛

一蓑一笠一扁舟，一丈丝纶一寸钩。

一曲高歌一樽酒，一人独钓一江秋。

长安秋望

［唐］杜牧

楼倚霜树外，镜天无一毫。

南山与秋色，气势两相高。

时间原因，新补充的这两首没有展开来讲，作为课下扩展要求学生去读了。

有了这样一些关于写"春秋佳日"的诗歌储备，我们才可能会对"莫放春秋佳日过"有更深入的理解。

"最难风雨故人来"一句，我从杜甫的《秋述》一文入手，谈为什么"旧，雨来；今，雨不来"。有些所谓的朋友是以利相交，以势相交的，如果一旦失意失势，那么这些人就作鸟兽散了。

俗语说："穷在闹市无人问，富在深山有远亲。"现实生活中，"锦上添花者多，雪中送炭者少"。真正的朋友是以心相交，朋友是财富，老朋友更是一生的财富。

接下来我补充了两首诗：

问刘十九

[唐] 白居易

绿蚁新醅酒，红泥小火炉。

晚来天欲雪，能饮一杯无？

寒夜

[宋] 杜耒

寒夜客来茶当酒，竹炉汤沸火初红。

寻常一样窗前月，才有梅花便不同。

从这两首诗中可以看出，其实对于真正的朋友而言，不是非要春秋佳日才来，也不是风雨才来，雨雪天的寒夜也会来，有酒无酒都不重要，重要的是知心。

然后我引用了冰心《再寄小读者》中的"谈友谊"一文的片段进一步说明。

古人说："最难风雨故人来"——不但气候上有风雨，心灵上也有风雨！你的心灵曾否走失于空山荒野之中，风吹雨打，四顾茫茫，忽然有你的朋友，开启了"同情"的柴扉，延请你进入他"爱"的茅庐，卸去你劳苦的蓑衣，拭去你脸上的泪雨，而把你推坐在"友情"的温暖炉火之前。同时你也常常开着同情的心门，生起友爱的炉火，在屋前瞭望。

由此，将"最难风雨故人来"，扩展到了关于友谊的理解，提示他们琢磨一些关于写友谊的诗歌。时间原因，我只提及了王昌龄的《芙蓉楼送辛渐》："寒雨连江夜入吴，平明送客楚山孤。洛阳亲友如相问，一片冰心在玉壶。"在王昌龄被贬谪的时候，他是多么希望有人能从心灵上理解他的痛苦啊。

其实，我还应该带他们回顾一下王勃《送杜少府之任蜀州》中的名句"海内存知己，天涯若比邻"，李白的《闻王昌龄左迁龙标遥有此寄》"杨花落尽子规啼，闻道龙标过五溪。我寄愁心与明月，随君直到夜郎西"等。但时间有限，只能留待以后补充了。

五、此情此景

一段好文字，之所以能够动人，在于它能穿越时空，从纸面上走到生活中来，与此情此景相联系。所以，最后我引导学生联系当下疫情之后复学，去理解"莫放春秋佳日过，最难风雨故人来"这副对联。

——要珍惜这美好的时光，在疫情的风雨之中，你我都不孤单，总有人与你守望相助。

这是一个学校文化底蕴的表现。我希望学生一方面是学校文化的享受者，受到潜移默化的影响，另一方面，也要成为学校文化的创造者。

所以，我又在今天讲的对联基础上，做了一点儿扩展，希望他们进一步关注学校复学之后各个诗配画的展板，同时，也关注另外一副很动人的对联。

偶然风雨惊花落，
再起楼台待月明。

【课后反思】

1.这是"温故知新"的一节课。

我常常和学生讲，理解清楚了"温故而知新""学而时习之"以及"日知其所亡，月无忘其所能"这三句话的相通之处，并将其落实在学习实践之中，不可能学得不好。老师要在温故的基础上引导学生知新，同时，也要在知新的前提下促进学生温故，两者要构成一个自然的循环往复的有机联系、螺旋上升的过程。

所以，我在"温故"这个环节选择的都是他们曾经学习过，也比较熟悉的内容，而在"知新"这个环节中，又考虑他们已有的水平，做适度的拓展。我非常讨厌为了分数，机械地温故；我也非常讨厌为了成绩，机械地讲授新知。老师务必要创造出适合的情境，在不经意之间，让学生既温了故，又知了新。唯其如此，才能"不亦说乎"。

2. 这是"日积月累"的一节课。

强调日积月累，是我讲课时的一个特点。我绝不走什么"终南捷径"，不搞什么"立竿见影"。我从来都告诉学生语文学习没有什么绝招妙招，除了踏踏实实地多读、多背、多写，别无他法。所以，我会带着他们做"错别字诊断书""记忆存折"等，这些都是见效极慢的法子，但是长久坚持下来，效果又必然极为显著。

如果仅仅是教一篇课文，那么我现在拿着书就可以开讲，而且很有把握讲清楚、讲明白。但是如果想要上类似今天这样的课，则需要提前花大量的时间做好准备。这个准备的过程，就是最好的丰富与提高自己的过程。只有自己长久带的班，才能磨合得这样从容自得。其实，这个潜移默化的过程，我自己的受益最多。

3. 这是"虎头蛇尾"的一节课。

因为课前准备内容很多，希望在这一节课中把所有准备的内容都讲完，所以就导致最后一个环节的安排上有一点儿节奏过快，给学生留下的思考时间不足。

如果我放慢节奏，把一些内容放在下一节课去处理，就可以做到从容不迫。下节课除了讲一讲"偶然风雨惊花落，再起楼台待月明"之外，还会结合今天的"莫放春秋佳日过，最难风雨故人来"，讲一讲黄庭坚的名句"桃李春风一杯酒，江湖夜雨十年灯"。这是我们语文组新来的研究生小友给我的启发。

因雨借景的"现挂"

今天的国学课，原本想就《声律启蒙》中的"春水才深，青草岸边渔父去；夕阳半落，绿莎原上牧童归"这两句话扩展一下有关"渔父"和"牧童"的古诗词，讲一讲这两类人所代表的自由自在、无拘无束的让现代人也非常艳羡的人生状态。

但是，计划不如变化。在第三节准备去上课时，不期而来的大雨越下越大，从办公室到教室只有短短的百十来米，虽然打着伞，但还是淋湿了衣服，弄湿了鞋子。

来到教室，看到很多同学站在阳台上观看雨景。有人用簸箕和扫帚把水弄到阳台上的盆栽里面，很明显，他们玩水的欲望要比浇花的念头强烈得多，因为这么大的雨，完全没有必要再浇花。

上课铃响了，有几个同学磨磨蹭蹭地回到教室。开始上课，我让他们一起来诵读一下《声律启蒙》从"一东"到"五微"这五章的内容。明显有一部分同学心不在焉。忽然，一阵闪电让教室亮起来，接着轰隆隆的雷声也响起来了。原本还算专注的一些同学，也忍不住要偏过头向窗外看去了。

在他们用了六七分钟诵读完这部分内容之后，我开腔了。

"刚刚在诵读的时候我关注到一小部分同学心思完全不在读书上，而一直关心外面的雨下得怎么样了。打雷的时候有更多的同学关注外面，心思也完全不在诵读的内容上了。"

学生以为我要批评他们，但是，我话锋一转：

"其实，刚刚同学的反应是最正常不过的一种表现。试想一下，外面下着这么大的雨，打着这么响的雷声，如果我们还是专心致志地诵读着和这个天气状况完全不相关的东西，完全心无旁骛，那才是真的非常奇怪，我会觉得很不正常。"

很多同学听我这么一说，刚刚还有一点紧绷的脸上，一下子浮现出笑容。他们发现，老师也不是不食人间烟火，还是善解人意的。趁热打铁，我接着往下说：

"其实所谓的学科教学的历史，也不过就是一两百年的时间而已，这是人类知识不断丰富、不断深化的产物。学科教学有好处，可以分门别类地细致深入地学习。但也有坏处，让我们所学的内容和我们的生活割裂开来了，甚至是完全背离的状态。其实，在我们对某一个事情感兴趣的时候，顺着这个不断探究下去，才是最好最有效的学习。完全不关注现实生活的发展变化，一味地按部就班地学习，反而可能伤害了兴趣，达不到更好的学习效果。

"比如，现在外面下着大雨，显然同学更感兴趣的是外面的大雨，而不是和这个大雨无关的学习内容。明代顾宪成有一副对联，大家都一定听说过：'风声，雨声……'"

我在说这副对联的时候，有意识地降低了语速，甚至有意识地停顿了一下。有很多学生就自然而然地把这副对联接下来的部分说出来了："读书声，声声入耳；家事，国事，天下事，事事关心。"

"这雨声，就是发生在我们身边的事，我们关心一下很正常，可如果只是看一看，觉得好玩，我觉得就辜负了这大雨，非但没有收获，反而有损失。我们不妨从这个'雨'来说起，说一点儿我们感兴趣的事情。

"现在是夏天，夏天的雨和春雨特点是完全不同的，我们通过生活观察能够体会得到。其实诗歌中写雨的也有很多，比如，杜甫的《春夜喜雨》。"

我讲到这里，依然有意识地放慢语速，甚至有意识地停顿，有积累的学生立刻就能脱口而出"随风潜入夜，润物细无声"来。

"再比如，'吹面不寒杨柳风'的前一句……"

"沾衣欲湿杏花雨"，这就不是很多学生能够立刻想得到的了。

"对，你们看，通过这样的诗歌，我们可以体会到春雨的轻柔无声的特点。但夏天的雨则完全不一样，来得猛，去得也快。比如，苏轼有一首诗就是写夏天的雨。"

学生一时想不起来，我就提醒一下诗名："《六月二十七日望湖楼醉书》。"

这首诗是他们小学就学过的，于是他们声调高高低低，起起伏伏地背诵起来。

"黑云翻墨未遮山，白雨跳珠乱入船。卷地风来忽吹散，望湖楼下水如天。"

"你们看，这首诗恰好写出了夏天的雨的特点，来得猛，去得也快。夏天强对流天气比春天要多，天气变化就比较快。老百姓俗话说'六月的天，孩子的脸，说变就变'。今天天气预报并没有报有雨，结果这大雨忽然就来了。我从办公室走到教室这么短短的一段路，就已经淋湿了。

"其实，夏天的雨来得快，去得也快，可不是苏轼第一个观察到的。当然，更不是我们现代才注意到的。古人就有细致的观察，而且，从中悟出了一些人生的道理。比如，《老子》中就有这样一句话：

"'飘风不中朝，骤雨不终朝，孰能为此，天地。天地尚不能久，而况于人乎？'

"所谓飘风就是大风，就是狂风，大风狂风是持续不了一个早晨的。所谓骤雨就是大雨，就是暴雨，而这大雨暴雨是持续不了一天的。是谁刮的大风，下的大雨？是天地，也就是大自然。大自然这样伟大的力量尚且不能够保证持久，更何况是人呢？

"这句话告诉我们一个道理，所谓'文武之道，一张一弛'。人生是一个超长的马拉松，如果一直以冲刺的心态和行动来面对，那用不了多久就坚持不住了。所以，该放松的时候要放松，该努力的时候要努力，要张弛有度。就好比是拳击，如果拳手想让拳头击打得更有力量，那就不能一直伸直胳膊，而是要收回胳膊，缩回拳头，然后再打出去，才会更有力道。”

很巧，在我讲完这个内容时，雨也慢慢小了，好像是要为我的话做一个证明一样。

【课后反思】

我在课堂上临时变化了内容，讲了大约一刻钟的“现挂”。虽然之后准备安排的一些内容没有完全讲完，但以后还有机会可讲，但这个契机错过了，就不容易再抓住了。这一刻钟的时间，学生很专注，我想他们的收获也是多方面的，不仅仅有对联，有古诗，也有天气的一点常识，还有关于人生的一些道理。

现在语文教学中非常火热的专题学习也好，项目学习也好，都是要造一个情境，安排学生在这个特定的情境中完成相关的任务。但这种“造境”在一定程度上还是和生活有区隔，现实生活中即时发生的情境，正是学生的兴趣点所在，巧妙“借境”，可以达到更好的效果。

当然，“借境”与“造境”相比，也有它的弱点。那就是所讲的内容相对而言是零碎的，非系统的。所以，我个人觉得，最好的课堂应该是“造境”与“借境”相结合。发挥各自的优势，目的都是激发学生的学习兴趣。只要兴趣有了，才有可能更好更深入地学习。“填鸭”和“满堂灌”看起来很有效率，但这种效率本身是一种虚假的效率，长久来看，得不偿失。

从老师来说，无论是“借境”还是“造境”，都不是一件容易的事。台上一分钟，台下十年功。要踏踏实实地多读书，多体验生活，多思考，多实践，才有可能做得更好。

黑板报里长出语文课

作为语文老师，我主张时时处处学语文。凡是有文字的地方，凡是有语言的地方，都可以成为语文教学的资源。其中，教室里的黑板报就是一座语文教学资源的富矿。

黑板报通常由学生设计书写完成，其中涉及语言表达的方方面面，都是学生语文学习中真实存在的问题。小到错别字、读音、病句，大到语言表达的优劣，都可能在黑板报中发现很鲜活的案例。

我个人非常关注班级里的黑板报，经常拿黑板报作为语文教学的资源，这是最真实情境下的语文教学，特别能激发学生的兴趣，帮助他们树立时时处处皆可学语文的观念。如果只是讲课本、讲练习，而对黑板报中存在的语文问题视而不见，反而是脱离了生活的非真实的语文学习。

前几天，我又发现了一个有意思的可供作为语文教学资源的板报内容，就临时调整课堂教学安排，把这个课前发现的内容纳入课堂教学。

那日，走进教室，我看到新出的黑板报中的一部分是这样的：

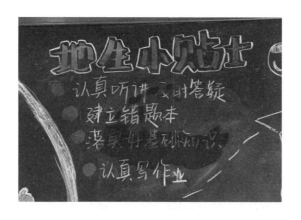

地生小贴士

●认真听课，及时答疑

●建立错题本

●落实好基础知识

●认真写作业

初二下学期，学生马上就要面临地理和生物的中考（北京市的地理、生物中考是放在初二下学期）。所以，本次黑板报的主题与地理、生物中考有关，除了表彰优秀同学之外，板报组同学还设了这样一个"地生小贴士"的板块。

看到这样一个板块，我觉得可以拿来作为语文资源。所以，一上课，我就让同学们回过头去看黑板报中的这个内容，琢磨一下从语言表达角度它可能存在什么问题。

出黑板报是一个例行任务，大多数同学可能并不太关心，负责出黑板报的同学，也不过是出完就算完成任务而已。但此时此刻，绝大多数同学都饶有兴趣，那些出黑板报的同学则可能有点儿忐忑不安，因为生怕出错。

不过，看了两三分钟后，没什么人提出问题，大约他们的注意力集中在看有没有错别字、有没有病句之上，这两方面的问题都没发现，于是就认定没有问题。

"大家可以看看，按照现在这样一个内容，如果我把标题改为'语数小贴士''英语小贴士'或者'史政小贴士'等，你们觉得可以吗？"我给了他们进一步的提示。

"不行!""行!"学生的意见分裂了。不过很快他们就发现了问题,不能简单判断"行"还是"不行"。换了其他的标题,看似也可以接受。但如果什么标题都可以接受,它岂不是就变成了一个万能的内容?

"就像你们写考试作文一样,如果你们根本不考虑是什么标题,都想着用原来的材料简单改造一下,甚至连改造也不改造,就直接写到考卷上去,你们觉得那样可以吗?"我接着给学生提示。

"不行!"这一次他们的观点很一致,虽然在实际考试中,还有一部分同学总是不管不顾地套用原有的作文,但他们其实知道那样做是错的。他们发现了问题所在,原来这个贴士中所罗列的内容,并不完全针对地理和生物学习,而是可以针对所有学科的学习,所以仅仅说是"地生小贴士",有一点儿名不副实,好像一个小帽子扣在了一个大脑袋上。

"那么,如果不改变'地生小贴士'这个题目,你们在内容上可以有什么调整,让它和题目更贴合呢?"在明确了题目和内容的关系之后,我抛出了另外一个问题。

"地理要读图,生物要关注实验。"在我的提示之下,更多学生意识到地理和生物学习真正应该关注的问题之所在。除了我的提示之外,他们还做了进一步的思考。

"我们应该发现,调整内容的关键,是要关注针对特定学科的学习方法问题。其实不仅仅是地理、生物,其他的诸如语文、数学、外语乃至物理、政治、历史等学科,也应该有意识地思考一下最核心的学习方法是什么。既要埋头拉车,更要抬头看路。不习惯动脑思考,却只知道拼命努力,结果很可能是南辕北辙。"我给了他们第三个提示,这也是我反复告诫他们的最基本的学习道理。

下课铃声响起,我忙着把课本放到书包里,准备走人,忽然一抬头,发现板报组的同学已经行动起来,擦掉原来的内容,要根据这节课所讲修改一下。我告诉他们,我正想把这个拍了照片,做一个有意思的记录。结果还没来得及拍,他们就把原来的擦掉了。

放学后，板报组的同学通过微信发了照片给我。他们把原来的内容重新抄写了一遍，擦拭的痕迹都没干呢，他们就拍照了，于是就有了上面第一张照片的样子。

之后，他们又做了修改，修改之后，就是下面这张照片中所显示的样子。

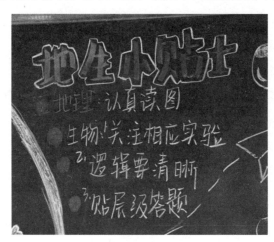

地生小贴士

●地理：认真读图

●生物:1.关注相应实验

2.逻辑要清晰

3.贴层级答题

这个修改从地理或者生物老师的角度来看，是不是很符合他们的专业判断呢？我不太清楚，更不敢肯定，我只是根据自己当年的学习经验和教训给了学生一些提示，学生们也有一些自己的学习经验融入其中。但其实这并不重要，最关键的是我利用这个板报资源，引导学生从语言表达角度建立起了一个标题和内容相吻合的意识。

不过，此事并没有到此为止。第二天上课，我又让学生再看修改过的内容，看看在修改之后还存在什么问题。这次大多数学生仍然一脸蒙，因为他们觉得昨天已经讨论修改好了，怎么还会存在问题呢？

"大家可以关注一下'贴士'这个词，谁知道这个词的词源？"我给出一个问题思考的方向。

"'贴士'是从英文的 tips 一词音译过来的。"这对于英语学霸来说，小菜一碟，难不住他们。

"没错，其实，'贴士'最初是从粤港地区的发音翻译过来的，而不是普通话的发音。"我给了进一步的提示，让他们能关注到普通话和广东话在发音上的差异，这对很多音译词有很大影响。

"那么，比如'旅游小贴士''防暑小贴士'等，如果让你写这些小贴士，你会写些什么呢？"

"是一些温馨提示，是一些小窍门。"因为贴士这个词现在已经比较常见，所以学生对这个词用在什么样的语境之下，还比较有感觉。

"那么，我们回过头来看，说地理要注意读图，生物要关注实验，仅仅是温馨提示吗？就好像我差不多每节课都要强调要想学好语文就要多读书一样，这些提示仅仅是小贴士的级别吗？"

明确了"贴士"一词的含义，学生们意识到如果这样修改之后，再用"地生小贴士"这样一个标题似乎就不大合适了。

"那么，如果我们不用'贴士'这个词，为了与现在修改后的这个内容更吻合，可以改成一个什么样的标题呢？"我抛出这个问题，是要看学生的积累，看看他们能否找到合适的词语来表达。

"地生复习指导。""地生学习方法。""地生学习关键点。"每位同学都开始开动脑筋。在这个开动脑筋的过程中，我相信他们一些人一定有"书到用时方恨少"的强烈感受了。这样的问题思考带给他们的感受，一定远比任何空洞的说教带给他们的冲击强烈。

"我觉得同学们所调整的题目都可以接受，但如果是我做这样一个标题，我愿意用'地生学习指要'，所谓'指要'就是关键点，是要害之所在。当然，并不是说这是唯一的最好的答案。

"实际上，相比于单纯的对和错，好与不好，甚至是好和更好，才是语文学习中更常遇到的问题。这样反复品味揣摩，才有助于真正提高语言表达能力。"我利用这一次的板报资源，再一次重申了关于语文学习的基本观念。

其实，不只是黑板报，我们日常生活中，有大量的真实的语文学习资源可用。关键是老师要有一双善于发现的眼睛，光依靠老师自己发现还不够，学生也要发现。唯有如此，与生活紧密结合，与阅读紧密结合，才是"真语文"，而不是停留在课本上或者练习上的"假语文"或者"死语文"。

因时而生的国学课

上周的国学课，原计划讲一讲送别诗，说一说为什么这类表达离愁别绪的文学作品在古代特别发达，而到了近现代，尤其是当代就日渐衰微了。

但计划赶不上变化，正在那时，"不要人夸好颜色，只留清气满乾坤"这句诗刷屏了。所谓"风声雨声读书声，声声入耳；家事国事天下事，事事关心"，这样和现实生活相结合的内容当然不可错过。于是，我就临时调整了一下课程进度，在课堂上讲一讲这首诗。

下面所记基本接近课堂实录，但也有一些是课堂实录中反映不出来的东西，是在我的头脑中作为教学背景存在的东西，都一并记录在下面。

一上课，我就让学生一起来背诵《墨梅》这首诗。因为这首诗是小学必背古诗中的一首，我所在学校的学生因为在小升初的暑假有相关背诵小学古诗的要求，所以绝大多数同学能够背诵这首诗。但在背诵的过程中，时常会发现有个别同学背诵的有所不同。

在学生背诵完成后，我接着在黑板上默写下了这首古诗。我讲课的习惯是不用PPT，所讲的诗文都是用粉笔默写在黑板上，这样会给学生一个"生成感"。

墨梅

［元］王冕

吾家洗砚池头树，

个个花开淡墨痕。

不要人夸好颜色，

只流清气满乾坤。

在默写完这首诗之后，就有同学急不可待地举手要告诉我哪里写错了。我示意他少安毋躁。然后开讲了。

我先问学生是否知道为什么今天一上课就开讲这首诗，为什么和上一节课内容缺乏有机衔接。只有个别学生知道原因，是因为最近的某次重要会议引用了这句话。

接下来我就从题目开讲。我们知道红梅、白梅，甚至是黄梅等，都是现实生活中实有的植物。那么，墨梅是现实中就存在的植物吗？有同学认为是，有同学说不是，大多数同学不清楚。其中一小部分学生比较清楚，说"墨梅"是"用墨画的梅花"。我对此表示肯定。并且，进一步告诉他们说，更专业的说法是"用墨写的梅花"。这样的说法，激发了相当一部分学生的兴趣，因为在他们的概念中，"梅花是画出来的，怎么可能是写出来的呢"？

我就告诉他们，中国有一个说法叫作"书画同源"。简而言之，也就是书法和绘画同出于一个源头。汉字最初就是象形字，就像画一样。水墨画是中国传统的绘画形式，用水和墨调配成不同的浓度，虽然只有黑白两种色彩，但因为浓度不同，所以也有"墨分五彩"的说法，其中颜色也可以说变化万千。水墨画是中国画的代表，和用毛笔写书法有很多共通之处。所以用水墨技法画梅花的画家，他们常常说"写梅花"，而不说"画梅花"。①

---

① 北京市 2012 年中考语文的《白梅无价》一文，记录了著名画家许麟庐和李苦禅先生的一生情谊。作者韩静霆是许麟庐先生的弟子。考试文中的语句是"他笔笔中锋，含泪挥笔画梅花"，而在原文中是这样写的："他笔笔中锋，带醉带泪写梅花。"用"写梅花"是非常专业的表达。

接下来说王冕。王冕是元代的画家，诗人。他为什么要写《墨梅》这首诗呢？有学生比较清楚地知道是"题画诗"。然后，我就给他们讲一讲"题画诗"是怎么回事。

前面讲"书画同源"，中国还有另外一种说法，叫作"诗画同源"，"诗是无形画，画是有形诗"。苏轼在谈到王维的诗与画时，就用了"诗中有画，画中有诗"的评价。

所以，诗画相配也是中国的一个文化传统。为一幅画题一首诗，或者为一首诗做一幅画，或者把已有的一幅画和已有的一首诗相配，都在现实生活中经常发生。总体原则是两者相配，能够相得益彰，更增加文化品位。比如，苏轼的《惠崇春江晓景》这首诗，就是一首题画诗，是为惠崇和尚所画的一幅画题写的诗，现在这幅画已经不在了，但这首诗还是流传下来了，我们可以通过读这首诗想象这幅画。王冕的这首《墨梅》就是为他所画的《墨梅图》所作的题画诗。

刚刚我在把这首诗写在黑板上的时候，就有人要指出我写的一些错误，但我需要明确说明，现在写在黑板上的这个内容，没有任何问题，没有任何笔误。现在这个样子就是王冕题写在《墨梅图》上的原作。

王冕"墨梅图"原作

但这首诗有很多不同的版本，也就是异文。

比如，这首诗中的"吾家"就有写成"我家"的，"个个"有写成"朵朵"的，"只流"写成"只留"的，等等。

同学们刚刚在背诵的时候，已经发现了这个问题。但接下来需要思考的问题是，为什么同一首诗歌会出现不同版本？这种不同版本除了给我们背诗的时候带来一些干扰之外，有没有其他的好处呢？

诗歌异文的产生是诗歌流传过程中最常发生的情形。主要有两种原因，一种是无意的，一种是有意的。

无意的比如在传抄过程中，因为笔误等原因，就会出现不同的异文，如果是印刷中的问题，可能这种影响面就会更广。

有意的情况是有一些人觉得某一首诗如果改动一个字、一个词，甚至是一个句子，效果会变得更好。于是，他就变动了。古代著作权的意识没有那么强。也因此就产生了不同的版本。

但无论是无意的，还是有意的，如果恰好这个人的影响力很大，那么，很有可能就出现这个后来的版本掩盖了原来诗人的原作，成为流传最广，影响力最大的版本了。

比如，《墨梅》中的原作是"不要人夸好颜色，只流清气满乾坤"。在今天的讲话中引用的是"不要人夸颜色好，只留清气满乾坤"。各种报纸杂志铺天盖地的报道都是"颜色好"，而不是"好颜色"。这对很多第一次接触这首诗的人来说，会形成强烈的第一印象。我猜今后很有可能"颜色好"这个版本会成为一个更流行的版本了。这个事例为我们观察诗歌异文的产生提供了一个非常有意思的当代的实况。

这种诗歌异文，当然对我们同学背诵会产生一定的干扰，尤其是有同学会纠结于考试时写哪一个算是对的。我们不能只看消极的一面，还要看积极的一面。诗歌异文的产生，为我们去品味诗歌语言提供了非常鲜活的例子。

我们都熟悉王安石炼字的那个经典故事。"春风又绿江南岸"，在定稿之前，王安石曾经写成"满、到、过、来……"等很多字，最终确定了"绿"这个字，这是一个炼字的典范。当然，这是王安石自觉主动修订的结果。

但大量异文的产生，并不是诗人主动修订，而是后世流传过程中发生的。举一个例子，比如，杜牧的《山行》这首诗，其中的"白云生处有人家"，也有"白云深处有人家"这样的版本。

按照我个人的品味，我更喜欢用"生"而不是用"深"，因为说"白云生处"感觉那山谷就是白云的家，白云就在那里出生，很生动，很形象。而"白云深处"则只是说明了一个静态的位置，感觉上生动性不足。

再比如，王冕这首诗中的"流"与"留"，我个人更喜欢用"流"，因为后文是"清气"，所以用"流"有一种动态感，而"留"则只是结果。当然，说这不是身前事，而是身后事，是要"留"，用"留"是完全可以说得通，而且很有道理。

说完了诗歌的异文问题，我们一起来看看诗歌本身。千万不要觉得一首诗会背诵了就可以了，还有很多需要我们更为深入理解的东西。比如，我刚刚讲的关于这首诗周边的一些知识，就不是我们单纯背诵了这首诗就能了解的。即使是这首诗歌本身，也有许多需要我们更深入了解的内容。

先看第一句，"吾家"也好，还是"我家"也好，意思都一样。我的问题是，这个"吾家"指的是谁家？大多数学生说指王冕的家。我告诉他们，不是王冕的家，而是"王家"。学生一愣，"王冕的家"和"王家"有区别吗？

当然有区别，而且区别还挺大。如果王冕只说自己家，那就少了一点更深的文化内涵，写诗要有更深的韵味，常常要用典。这句诗实际上就化用了一个典故，和书圣密切相关的一个典故。

有学生没有反应过来"书圣"是何许人。我就说不同的行业都有不同行业的"圣人"，比如说"文圣人"就是孔子，"武圣人"就是关公，"诗圣"是杜甫，再比如，酒圣、茶圣、画圣、医圣、药圣等，都可以上网去查一查。

回到书圣来，有部分学生知道是王羲之。于是我接着讲和王羲之相关的这个典故，就是"临池学书，池水尽墨"，这体现了书圣的勤奋。王冕这里化用这个典故，实际上是在说他自己如何热爱书画，如何喜爱古典文化。

第二句"个个花开淡墨痕"，是说洗砚池边的梅树，因为吸收了这洗砚池里的墨水，仿佛所开的梅花也染上了淡淡的墨色，这当然是一种夸张的说法。但这里很巧妙地和画作上的梅花勾连起来了，因为是墨梅图，当然是"个个花开淡墨痕"。

如果说前两句是在叙述，是在描写，是在描画墨梅图，而后两句则是偏重于抒情，偏重于托物言志了。

"不要人夸好颜色，只留清气满乾坤"，这句中的"好颜色"指什么？值得我们细细揣摩。很多学生能直接回答出这个"好颜色"就是说前面的"淡墨痕"，这个理解没有问题。但是，只是字面的意思，还要有更深层次的意思。

王冕所言的"不要人夸好颜色"，除了说墨梅本身的好颜色之外，更是在说他自己，这"好颜色"是在说他自己的品格与气质。他对此有独立的判断与思考，是"不要人夸"的，是"只流清气满乾坤"的，"清气"简言之就是"正气"。"满乾坤"就是充满天地之间，"乾坤"就是天地，古代有朴素的二元对立思想，比如"乾坤、天地、阴阳、刚柔、男女"等，古人把这些联系起来理解世间的万事万物。

"不要人夸好颜色"这一点特别值得我们学习。很多人在进行自我定位时，缺乏独立的思考与判断能力，常常是借助别人的评价作为对自己的定位，为了在别人那里获得所谓的好名声而不惜委屈自己，甚至是突破做人的底线而取悦或者讨好别人，这样的人缺乏独立完整的人格。我们从小就要养成独立思考，独立判断的品格。

"不唯上，不唯书，只唯实！""独立之精神，自由之思想。"这些都是我们当代社会最为缺乏，也最为珍贵的财富。希望诸位从点点滴滴处做起，培养这种特质。

【课后反思】

这是一节和现实生活紧密联系的国学课，准确说是半节课，因为我只讲了20分钟，剩下的时间接着按照原来的课程计划进行了。学国学绝不仅仅是回到传统，而更要从传统中观照现实。

虽然只有半节课，但包含的内容是丰富的，有"书画同源""水墨国画""诗画同源""诗歌异文""各行业圣人""独立人格""二元对立思维"等大大小小多个知识点或者价值判断点融入其中。

一方面当然可以说是看起来有一点杂乱，没有主线；但另一方面，我所讲的都是国学的基本常识，也算是"散而不乱"，都是围绕国学来进行。其中《惠崇春江晓景》《山行》等均为小学学过的古诗，也算是"温故而知新"。这就是我一以贯之所倡导的潜移默化的浸染教育。

个人觉得有一点不足的是，没有就为什么"淡墨痕"就是"好颜色"这个问题展开来说一说。"淡"为什么"好"，这是个涉及一个社会风尚和个人选择的大话题，可以结合的内容有很多，以后有机会准备结合其他内容展开来说说。

随手捡来的两个作文素材

在日常的各种语境中，除了随手可得的诸如错别字，词语运用有误，病句等语文学习材料，我经常也会有意识引导学生利用生活中、阅读中的一些材料，进行写作方面的思考。

举两个曾经在课堂上讲过的例子。

好些年前，当时我还在当班主任。

某日，年级组说每个班可以发一个挂钟，每个学生还有一个免费的笔记本，自愿下发。我看这个挂钟的表盘上赫然印上了三个大字"忘不了"，这显然不是挂钟品牌的名称。

看了那个薄薄的小练习本封面和封底的广告才知道，原来这个"忘不了"是一个口服液之类的保健品的名称，据说可以大幅提高记忆能力，号称喝了"忘不了"，真的可以过目不忘了。

显然，这是个打着送给学生一点儿小礼品的旗号，进行的一个广告宣传。发下去还是不发下去呢？这是个问题。

我的原则是，糖衣炮弹打来，可以考虑把糖衣剥下来吃掉，把炮弹打回去。

我拿着这个赠送的挂钟还有一摞练习本进班，让学生帮忙把钟挂起来，把本子发下去。

敏感的同学已经发现问题了："老师，这不是个广告吗？"

"是的，免费赠送。不过，你们相信真的喝了'忘不了'，就可以忘不了吗？"我很随意地问了一句。

"不信，当然不信。"学生近乎异口同声地回答。

"我们没喝过，所以，我们不做这样的武断，但是，我们别浪费了'忘不了'这三个字，让我们用这三个字来做一点儿文章，来一点儿深度思考。在我们的生活中，什么事儿忘不了呢？什么事儿又忘得了呢？或者进一步说什么事儿应该忘，什么事儿不该忘呢？"

各种答案五花八门，因为这个事情过去的时间很长了，我已经无法详细回忆描述当时的情形了。

只是记得热烈的讨论之后，我教给学生两句经典中的话。

一句是《弟子规》中的话："恩欲报，怨欲忘；报怨短，报恩长。"别人的恩不能忘，但是别人的怨应该尽可能忘却。

还有一句是：曾子曰："吾日三省吾身，为人谋而不忠乎？与朋友交而不信乎？传不习乎？"答应别人要做的事情，朋友交往中的承诺，老师传授的道理知识等，都不应该忘记。

这是一个很好的思维的训练，可扩展度也比较高，容易引发学生的思考，是对人生中很重要的问题的思考。

偶然间看到一副对联，是这样的。

若不撇开终是苦，各自捺住即成名。

这副对联很妙，充分利用了汉字字形的特点。"若"字的撇，如果不撇出去，就是"苦"字；"各"字的捺笔，只有收得住，才是"名"字；一撇一捺即"人"字。对联不但充分利用了汉字的特点，而且，能引人深思。所以，我就把这个搬到课堂上来，在和学生欣赏完这副对联的妙处之后，我提出这样一个问题。

"在这副对联中，'撇开''捺住'并没有明确的宾语，但是，我们在读这副对联时，要静下心来，把这个宾语填上。而且这些宾语不止一个。"

有学生说撇开名利，有学生说撇开金钱，也有很具体地说撇开豪车豪宅的。而关于"捺住"，有学生说要捺住心灵的，不能让心里过于浮躁，也有说要捺住对物质的需求的，不能追求过多。

我给他们讲了这样一则《论语》："子曰：'食无求饱，居无求安，敏于事而慎于言，就有道而正焉，可谓好学也已。'"

并由此引申开去，和"撇开"与"捺住"联系起来。

应该撇开的是什么呢？是"求饱的食"，是"求安的居"。不是说我们一点也不需要物质享受，而是不能"欲壑难填"，陷在这样的物质欲望中不能自拔。

应该捺住的又是什么呢？当然应该是"敏于事而慎于言"，是"就有道而正焉"，对于一个人来说，要谨言慎行，要求教名师、提升自己。精神生活精神境界的提升极为重要，是一个人脱离了动物界很重要的标志。

以上是两个曾经在课堂上讲过的例子。

其实，今天想来，这些例子仍然不过时。比如，如果今天再讲，关于"忘不了"这个事情所举的"恩欲报，怨欲忘"的例子，我就会进一步追问，到底是什么样的"恩"应该要报，如果本来并不存在"恩"，有人非要强求你要报，你报还是不报；到底什么样的"怨"应该忘，如果这样的怨，无关个人，而是关乎国家和民族的未来，这样的怨是不是还要选择遗忘，等等。

唐代诗人白居易说："文章合为时而著。"要对自己的生活，对自己的时代，有密切的关注，而不是为了某一种功利的目的写一些"奉旨填词"，无关痛痒，乃至无病呻吟的东西。

我的课堂，在写作上，不太教学生那些什么方法技巧之类的东西，我更关注在思想上引导他们走向深入，当思想走向深入之后，自然会有源源不断的材料涌来，可供写作驱遣。

从"令人制烯"到大语文教学

从学生初一入学,我就强调工具书的重要性,要求学生上课时带《现代汉语词典》等工具书,使用工具书要做到拳不离手,曲不离口。

经过一周多时间,绝大多数同学都准备好了工具书,接下来的课就要带着他们用一用工具书。但采用什么样的方式切入,一直还没太想好。我不想太刻意,让学生觉得是为了使用工具书而使用工具书,而要让他们在自然而然的过程中利用工具书。

课前,在班级门口的电子班牌上闪出了这样一条信息。

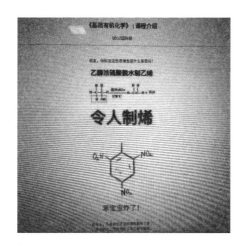

忽然灵机一动。哈哈，踏破铁鞋无觅处，得来全不费工夫。于是就有了下面的课堂现挂。

我在黑板上写下了这样四个字，准确说是两个汉字，两个拼音。

令　人　zhì　xī

我说："同学们都已经把工具书准备好了，这些工具书不是放在那里的摆设，而是要真正用起来，我们现在就来做一个小练习。

"我刚刚在教室门口的电子班牌上看到了这样一幅图片，图片上面有这样四个字，我觉得比较有意思，现在请同学们把我在黑板上写的这两个拼音通过查字典的方式，补上汉字。

"注意，补上的第一个 zhì xī，要让这个词成为一个我们常用的短语。另外一个要补全的是化学课上的一个课程名称，是制造一种化合物。"

第一个"窒息"很快就查到了，马上就有人上来写对了，对此学生没有异议。但第二个则发生了一些问题，因为我在讲述要求时已经明确是制造一种化合物，所以"制"这个字写对问题不大，关键是 xī，写得五花八门。

第一个学生写成了"锌"，接下来的学生，有的写"锡"，还有的写"硒"。但一直没有写出正确答案。我提示他们不要仅仅使用《新华字典》，还要查一下《现代汉语词典》，可以试着查"乙 xī"这个词条，会看到这是一种化合物，我依稀记得当年学化学时，老师告诉过我们这种化合物可以作为水果催熟剂。

最终，在我的提示和帮助下，他们准确地完成了"令人制烯"这个短语的填写。由此展开来，我讲了四个知识点。

第一，语音流变。

第一个同学写成了"锌"，是"xīn"和"xī"这两个读音没有区别开来。我们现在推广普通话，所以要有标准的普通话发音，我们可以以《现代汉语词典》最新版的读音作为标准。但同一个字的读音并不完全固定，一成不变，应该注意两个问题。

一个是方言问题。在不同的方言区，虽然是同一个汉字，但是发音却不相同，比如，有一些地区 h、f 不分，"福建人"就读成了"胡建人"；有一些地区 l、n 不分，于是就有了本来去了"河南"，你听起来以为出国去了"荷兰"的笑话。

另外一个是古今音问题。语音一直处在不断发展变化之中，所以有上古音、中古音等的区别，但这些并没有语音的资料，只是根据文字进行推测分析。现在我们读古诗时，还时常涉及这个问题，比如，"远上寒山石径斜"的"斜"，"一骑红尘妃子笑"的"骑"等，大家为此争执不休。现在统一规定读今音。我个人认为，读准字音固然重要，但准确理解意思更重要。

第二，语境意识。

我们从小学开始，就有关于拼音是否正确的考查，或者看拼音写词语的考查。需要注意，这一类考查从不单摆浮搁地考一个拼音或者一个字，而至少也要以一个词的形式来考查，这个词就是最小的语境。

汉字中有很多多音字，如果我们不将其放到具体的语境中，并不能判断某个多音字具体读什么音。除了多音字，也有相当数量的同音词，这时候，更要将其放到诸如语句或者段落这样的更为丰富的语境中去考查。因此我们学习一个字一个词，不能孤立地掌握它，而一定要放在具体的语境中才能更好地掌握它。

还有一个语境，不仅仅是同学熟悉的词语、句子或者段落篇章的语境，而且是阅读的语境，或者说是知识储备的语境。比如，刚刚同学写成"锡"或者"硒"，而不能写出正确的"烯"，是因为缺少化学的一些知识背景，不知道化合物是什么。

第三，字源分析。

回到常用的短语"令人窒息"上来，我们都知道"窒息"是呼吸困难甚至停止，但为什么"窒息"就是指喘不上气来呢？这就要有意识地从字源的角度去分析。

通过查阅网络工具书，我们知道"窒"是形声字，从穴，至声。洞穴狭小阻塞，故从穴。本义是阻塞，不通。"息"是会意兼形声字。从心，从自，自亦声。

自，鼻子。古人以为气是从心里通过鼻子呼吸的。本义是喘气；呼吸。其中"自"是象形字，甲骨文中"自"就是鼻子的形状。那为什么本来只是指鼻子的"自"后来又进一步引申为我们常用的"自己"的"自"了呢？因为我们在说自己的时候常常会指着自己的鼻子。你看，这种演变多有趣味。

当我们更深入地了解了"窒息"从字源上看是怎么回事，就能够既知其然又知其所以然了。所以，要经常查字典，使用工具书，不仅仅要有一般的常用纸质字典查阅音形义，对一些字词我们也要借助网络工具书，进一步追溯其字源，这样才能发现汉字之美。

第四，修辞问题。

这个由化学课引申出来的题目，之所以引人关注，实际上隐藏了一个有意思的修辞。我们因为这个修辞产生了很多联想，由"令人制烯"这个具体的课程内容，联想到"令人窒息"这个短语，再把这个课程内容和这个常用短语联系在一起，又会引发无尽的遐想。

这个修辞其实我们并不陌生，在同学熟悉的一些古诗文中曾经出现过，比如："东边日出西边雨，道是无晴却有晴。"这个诗句表面看似在说晴朗之"晴"，而实际上却是在说情感之"情"。"春蚕到死丝方尽，蜡炬成灰泪始干。"这个诗句表面在说蚕丝之"丝"，而实际却是在说思念之"思"。这就是谐音双关。

又比如，《易经》中有"天行健，君子以自强不息；地势坤，君子以厚德载物"的说法，这两句话可以视为中华民族之精神。而在前几年雾霾严重的时候，"自强不息"和"厚德载物"两个成语被偷偷地变换为"自强不吸"和"厚德载雾"，在调侃与无奈中，暴露了很多复杂的情绪。

【课后反思】

1.这是温故而知新的一课。对学生来说，有一些是"温故"，一些是"知新"。只"温故"不"知新"，会令学生情绪过度放松甚至厌倦；反过来只"知新"不"温故"，则无法将前后所学的内容有机勾连起来。正是这样"温故"与"知新"的不断滚动，使得学生语文素养逐步得到提升。

2.这是利用真语境的一课。学习在具体语言环境中理解和运用语言，毫无疑问是语文学习的重中之重。但在一个"假语境"或者说一个"设计的语境"之下，学生的学习效果就不一定很好。"请君入瓮"甚至"关门打狗"的教学方式，很多时候会让学生厌倦甚至憎恨。

3.这是"有意"与"无意"的一课。虽然看起来是在无意中发现了"令人制烯"这一教学资源，但实际上是"有意为之"。所讲的内容从字音到字源再到修辞，都是常见的语文知识和基本的语文能力，也是中、高考常考的内容，都有具体的试题可以印证。但学生觉得是"无意得之"，课堂上轻松愉快。不断用"××是考试重点，务必要掌握"这样的"狼来了"的方式吓唬学生，用不了多久学生就厌倦了，就脱敏了。

4.这是培育"大语文"观念的一课。时时处处都是语文，学语文不应该有课内与课外之分，课本与非课本之分，口语与书面语之分，雅言与俗语之分。凡是存在文字的地方，存在语言的地方，都是学语文的地方，要时时处处学语文，时时处处用语文。

用语文的方式谈学习之道

初一开学伊始，学生就每天早上有晨读。语文晨读是一周两天，我发现头一两次晨读，每个同学都能张开嘴巴跟着读，但两三次之后，就有一小部分学生开始不张嘴跟着读了，也有一些学生开始小和尚念经有口无心了。

这是个问题，有必要说一说，但怎么说，需要琢磨一下。直接要求所有人必须要张嘴，或者直接批评某些人不张嘴，显然最可能取得立竿见影的效果，但这并非长久之计。所谓"势服人，心不然；理服人，方无言"，我需要讲一讲其中的"理"。

可是，这个"理"如果讲得太直白，恐怕不大会有人听，因为人们习惯于屏蔽那些老生常谈的或者是批评的声音。因此，我需要换一个思路，用语文的方式包装一下。

课堂上，我先给学生描述了晨读所见的现象。然后站在学生的立场上做了一点儿分析，可能有一部分人觉得一次两次不读没什么，不觉得有什么损失，反过来，认真读一次两次，似乎也没见到什么太大的收获。于是时间一长，怠惰的情绪就起来了。

这让我想起了陶渊明说的两句话。我一边说，一边把这两句话以默写的形式板书在黑板上。对于经典名言，我从不用 PPT 展示，而一定采用默写板书的形式，因为我相信这本身就是对学生的一种潜移默化的影响。

　　勤学如春起之苗，不见其增，日有所长。
　　辍学如磨刀之石，不见其损，日有所亏。

——陶渊明

　　可以说，这两句话揭示了学习效果的秘密，那就是三个字——"滞后性"。不管是勤学也好，还是辍学也罢，其所产生的好的或者坏的结果都不会立竿见影。它们的共同点是，这种效果必然在一段时间之后显现出来。这是一种积累的效果，收获也好，损失也好，都在时时刻刻发生，只不过我们不易觉察罢了。

　　有同学立刻想到了"冰冻三尺，非一日之寒"这个说法。

　　我借着这个说法告诉他们，"冰冻三尺，非一日之寒"是老百姓的俗语，其出处是王充的《论衡》：

　　故夫河冰结合，非一日之寒；
　　　　积土成山，非斯须之作。

　　我特意将"积土成山"一句缩了两个空格与"河冰结合"一句对齐了来写，然后让学生猜测一下"斯须"是什么意思。学生通过具体语境猜测，"斯须"与"一日"相对，一定也是表示时间的词语，而且表示时间很短，然后再查阅工具书证实了这一猜测的正确性。

　　然后，我又让学生把王充这句话和陶渊明这句话做了一个对比，看看有怎样的共通之处。很快，学生发现原来两者都可以用来谈学习效果的滞后性问题，而且都采用了比喻的说法，形象生动。稍有不同的是陶渊明的话是先正说，后反说；而王充的话是先反说，后正说。

　　就这样，我利用两则名人名言讲清楚了学习效果的秘密——滞后性。但仅仅明白了"是什么"还不够，还应该想一想面对这种滞后性我们该"怎么办"

的问题。

于是，我又引入明代著名学者胡居仁的自勉联：

> 苟有恒，何必三更眠五更起。
> 最无益，莫过一日曝十日寒。

应对学习效果显现滞后性问题的办法，其实很简单，就是要有耐心，要持之以恒，然后自然慢慢见到效果。不必非要"三更灯火五更鸡"，但一定不能"一曝十寒"。

在说到"一曝十寒"时，有的学生脱口而出"三天打鱼，两天晒网"。我由此作为一个话头又稍做了一些延展，和"冰冻三尺，非一日之寒"及其出处联系在一起，告诉学生，同一个道理可以有不同的说法，书面语言有书面语言的表达方式，民间语言有民间语言的表达方式，书面的语言我们要学习，老百姓的日常俗语我们也要学习。语文学习是一个无处不在的过程。

在讲完了胡居仁的自勉联，解决了"怎么办"的问题之后，我又引入了一句名言：

> 不曰"如之何""如之何"者，吾末如之何也已矣。

所谓"如之何"就是"怎么办"的意思。这句话有一点儿像绕口令，意思就是，不说"怎么办""怎么办"的人，我也不知道拿他怎么办了。

这句话是谁说的呢？出自《论语》。

不曰"如之何"和曰"如之何"的最大区别在于，前者是被动的，而后者是主动的。我希望我的每一个学生在学习的过程中，都能不仅仅停留在"是什么"的阶段，更要追问"为什么"，还要进一步想"怎么办"的问题，只有这样，才有可能学得更好。

【课后反思】

1.虽然是同一个道理，但变换表达方式之后，收到的效果也会有很大不同，这需要对学生心理的准确揣摩，也需要语言表达的艺术。

2.很多关于语文学习的基本观念和基本能力，要在潜移默化中形成，不必非得拉开架势大张旗鼓地去训练，比如，关于使用工具书的能力，关于时时处处学语文的观念，等等。

3.教育教学过程中，除了关注具体的知识传授、道理讲述之外，还要多想一想这背后的目的、原则、方向等，这是"道"的问题，有了正确的"道"，才能够灵活运用"术"。

用段子上课，"笑果"里有效果

我在课堂上很少讲段子，更不会为了追求课堂"笑果"而讲段子，但我并不完全反对段子进课堂。我觉得课堂上不能为了讲段子而讲段子，讲段子的前提是要把段子转化为有效的教学资源。下面，我结合思考和实践，举几个例子。

【例一】

早晨上课之前，有其他学科的老师忽然问我一个问题，"林家翘"这个名字中的"翘"读什么音。

在查资料过程中，我灵机一动，于是顺手把这个读音作为今天上课的一个资源。

上课时，我先在黑板上写下了"翘"这个字，问同学这个字读什么。大多数学生有了之前的训练，已经不轻易掉到陷阱里了，因为他们知道这是个多音字，单独放在那里无法确定读什么。

我组了两个词，一个是"翘辫子"，另外一个是"翘尾巴"。学生查字典知道这两个词中"翘"都读 qiào，也知道"翘辫子"的意思是诙谐地表示死了的说法，"翘尾巴"的意思是骄傲自满。但当我进一步追问为什么"翘辫子"是死了，大多数人就不知道怎么回事了。

于是，我给他们讲了清军入关之后"留发不留头，留头不留发"的历史，清朝统治者要求所有男子都像满人一样，要头顶前部刮秃瓢，后脑勺留大辫子。囚犯在被砍头执行死刑时，刽子手为了行刑方便，要把囚犯的辫子拉起来、脖子露出来，是为"翘辫子"的由来。

我又给了另外一个词"连翘"，这是一种植物的名称，在这个词语中"翘"的读音是 qiáo。

但是，只是单摆浮搁地知道具体的词读什么远远不够，还要分门别类，搞清楚在什么语义之下读什么样的读音才行，这样，才能举一反三，而不是死记硬背。

不过，饶是如此，也并不能立刻就解决"林家翘"这个名字中"翘"的读音。我让学生琢磨一下，起这个名字的寓意何在。有学生立刻就意识到这个名字中的"翘"应该取"翘楚"的意思，是人群中的杰出人物，表达一种美好的愿望。

那么，"翘楚"一词又是怎么来的呢？它来源于《诗经·周南·汉广》："翘翘错薪，言刈其楚。"郑玄注："楚：杂薪之中尤翘翘者。"原来指高出杂树丛的荆树，后来比喻杰出的人才。

林家翘是著名物理学家、数学家，曾经师从现代宇航科技之父，超音速之父冯·卡门。冯·卡门的其他著名弟子有钱学森、钱伟长、郭永怀等，都可以称为"翘楚"，而林家翘也可以说是名副其实，不负家人对他的期望。

除此之外，我还讲了讲"言刈其楚"的"言"是怎么回事，作为动词词头，并无实际意义，与此相类的用法还有诸如"言归于好""言归正传"等。

这个过程，我一直让学生使用工具书，目的是既要让他们养成使用工具书的习惯，又要培养他们查阅工具书时的问题意识。不要以为只找到一个问题的答案就算完成任务，在解决问题的过程中产生的种种问题，都要有意识追寻下去，尝试着去解决，这才是真实的学习。

【例二】

甲：提个问题，代码写得烂怎么办？

乙：能跑吗？能跑就没问题。

甲：能跑是指程序能跑还是我人能跑？

乙：有一个能跑就行。

这个是今天早晨我高中同学发在小群里的一个段子。我一看，觉得可以转化为课堂资源，于是，我说我要在课堂上讲一讲这个。

我是一边把对话写在黑板上，一边提问的。

当甲和乙的第一回合的对话完成后，我的问题是这里的"跑"是什么意思，学生能够比较准确地回答是"运行"的意思，英语是 run。

可是，如果认定乙说话所指对象是承接着甲所说的"代码"而来，那"跑"就应该理解为"运行"。但是，甲作为一个程序员，要有很严谨的表述，于是，追问了一句"能跑是指程序能跑还是我人能跑"。这里的"程序能跑"之"跑"是什么意思，已经解决了，关键是"我人能跑"的"跑"是什么意思。

学生有说逃跑的，有说离开的，也有说跳槽的，还有说跑路的。那么，这四个解释，哪一个更为合适呢？我以为选择跑路更为合适一些，其实兼有"逃跑"和"跳槽"这样两个义项。程序员自己肯定不会说自己逃走，而大约代码写得烂，跳槽也没什么信心。所以，模糊地说"跑路"，似乎更能心照不宣。

乙最后的说法也很有趣，这里的"跑"就兼有两种意思了，一个是"运行"，另外一个是"跑路"。

例一关注的是读音与字义之间的关系，不同语境下的读音不同。例二关注的则是具体语境中的一词多义问题，要能在具体语境中对一个字一个词的意思有一个明确的判断。

【例三】

这是前一段时间在网上看到的一个段子，我将其改造了一下。

我在黑板上写下了"老板行行好"这五个字，然后让学生根据要求添加恰当的标点。

一个是以乞丐对路人的口吻添加标点，另外一个是以员工对老板说话的口吻添加标点。

乞丐这个比较容易添加。"老板，行行好！"充满了祈求的语气。员工这个则有一点儿难度，有学生想要添加成这样："老板，行、行、好。"我让学生按照这样的标点读一读，顿号之间停顿很短，语速比较快。这时候如果换个位置，如果你不是员工，而是老板，你听到员工用这样的语气回答，你会觉得满意吗？

如果以员工回答老板的语气来添加标点，比较合适的标点应该是："老板，行！行！好！"非常肯定，非常自信，同时也非常恭敬的语气。

所以，不要以为标点符号只是简单的规则问题，还涉及语气和语义的问题。同样的语句，不同的标点方式，所呈现出来的语义与语气可能大不相同。

这里还涉及另外一个问题，乞丐说的"行行好"的"行"，和员工说的"行！行！好！"的"行"在语义上也有差别。前者是"做"，就是"行善"之"行"，而后者则是"可以"，表示肯定之义。

【例四】

下面这句也是之前在网上看到的若干段子中的一个，之所以选择这个语句，而不选择别的，是因为这个语句和学校生活联系紧密。

> 校长说："校服上除了校徽别别别的，让你们别别别的别别别的，你非别别的！"

其实，这个也可以做一个标点练习，但是考虑到例三已经做过了标点练习，就没有在这里再做标点练习。不过，从学生的朗读，可以看得出来他的断句如何，看得出来他是否真正理解了这句话是什么意思。

还可以进一步追问"别别别的"这三个"别"分别是什么意思，第一个是"不要"，第二个是"把东西用别针等固定在物体上"，第三个是"其他的"。还可以换一个思路来考查，问这句话中的"非"与哪些"别"字构成反义词。

相比于例三，例四算是一个升级版的断句及辨析语义的练习。

以上这些段子，只要稍微用一点儿心思，都可以很自然地转化为教学资源。如果有需要，可以分分钟把这些段子改造为中、高考试题的形式，考查相应的能力。我主张研究中、高考试题，但不主张拼命做练习，其实能力培养的材料无处不在，干吗非得做题才能实现呢？

当段子成为学生的学习资源，老师不是只为了课堂"笑果"而讲段子，而是真有效果，与课堂教学学科知识紧密结合，让学生在感到趣味的同时获得真知，这时候段子就有了进课堂的价值和意义。

读书和听讲，什么才是真正的"认真"

教了这么多年书，我发现一个有意思的现象。那就是"认真"二字，是老师教育学生或者家长教育孩子的绝对高频词。

"孩子，你上课要认真听讲。"家长常常这么说。

"同学，你读书要认真才行。"老师常常这么说。

我在教书的最初若干年，也常常对学生这么说。但后来，我忽然发现，有时候不是学生不想听你的教导，而是他们压根就不知道"认真"是什么意思，怎样做才算认真。

对成年人而言，他们认定"认真"是一种态度，但对未成年人来说，认真这个词本身则是一个抽象的概念。他们需要知道具体如何去做，才可以当得上"认真"二字，而不是只告诉他们"认真"就行了。

而这也常常是我们成年人的短板，甚至从未深入思考过。很多人迷信"态度决定高度"，但事实上，只有态度远远不够，还必须要有方法才行。

下面，我就以准课堂实录的形式，记录一下我在课堂上给学生讲怎么做才算认真听讲，才算认真读书。

开学之初，我就反复强调国学课上务必要带哪些基本的学习用书，也给了学生较长的缓冲和准备时间。然后，"十一"之前告诉他们，假期之后，如果还有哪位同学不按照要求做好准备，那他就只能站着听课了。

然而，"十一"之后的第一节课，发现仍旧有一小部分同学未按要求备齐学习用书。于是，就让他们站着听一节课，惩罚一下，让他们长一点儿记性。

我给学生们讲，不要觉得老师是跟你过不去，在惩罚你的同时，其实老师自己也不舒服。然后我给他们讲了一个真实又有趣的小故事。

十多年前，我还是一位年轻教师，我们语文组有一位德高望重的老教师，学问修养极好，轻易不发脾气，学生也很喜欢他。

但某一日下课之后，只见他气冲冲回到办公室。我问他怎么回事，原来是被某个调皮捣蛋的学生给气到了。

"您不理他不就完了吗？对他视而不见就好。干吗非要批评他，还把自己惹一肚子气呢？"我这样宽慰这位前辈。

"你有过换牙或者坏牙的经历吧？"这位老师听了我的话悠悠地说。

我听到他这个比方之后，忽然大笑起来。

我在讲到这里时，有意识地停顿了一小会儿，我在观察学生的反应。

有一小部分学生游离于老师讲课之外，他们觉得我讲的和他们没有关系；也有相当一部分学生面无表情，他们似乎在等着老师接着往下讲。

这时候我话锋一转，对他们说："我的故事其实已经讲完了。接下来我要讲一讲关于什么是上课认真听讲的问题。

"你们每个人都知道，上课走神儿是不对的，因为那是不认真听讲的表现。那专心听老师讲，老师讲什么就听什么，老师讲什么就记下来什么，这就是认真听讲的表现吗？"

有相当一部分同学点头，对后一种做法表示认同。我告诉他们，这样的所谓认真听讲，远远不够，收获非常有限。

"真正的认真听讲，是要在思维上领先老师所讲的内容一点点，在老师讲完一句话或者一段内容之后，要有所预判，有所期待，想一想老师下面会讲什么，会如何讲。

"这样做无非有两种情况产生：

"一种是你的预判和期待得到实现，这时你会比较有成就感，因为你积极而有效地思考，根据老师的讲课逻辑准确预知了下面要讲的内容。

"另外一种就是你的预判和期待没有实现，这时更激发你的思考，你会进一步思考为什么老师所讲的和我的预判不同，是他的问题还是我的问题。

"在听老师讲课时，让你的思维稍稍领先一步，才会有更大的收获，这就是认真听讲的真正含义。被动地听老师讲，把老师所讲的内容都记下来，或者干脆完全游离于课堂之外，那都算不上是认真听讲。"

为了让他们对这个问题有更深入更广泛的认识，我由此延展开来，谈到关于阅读的问题。

"阅读过程中，也不能读到哪里算到哪里，而是我们要有所期待，有所预判，想一想接下来作者会怎样写，情节会怎样发展，为什么会这样发展，等等，这样我们才会有更多的收获。

"比如，我们都有阅读探案推理小说的经历，我们在读这一类小说时，常常是不断地在猜测判断谁是真凶，下一步案情会怎样发展，等等。

"有时候我们的预判是对的，可是大多数时候小说情节并没有按照我们推测的那样发展，但无论如何，正是这样积极的思维活动的参与，才让我们在这个过程中体会到阅读的快感，并有更多的阅读收获。"

我在讲到这个例子时，看到教室最后排的一个女孩很兴奋地拿起一本书在对着我晃动，一边晃动，一边微笑着不断地用力点头表示赞同，虽然我看不清书的名字，但我知道那一定是一本探案推理小说。

绕了一大圈，这些道理讲完之后，我再次返回刚刚我讲的故事，问学生我为什么会在那位老教师说到关于坏牙的时候大笑起来。

这时候有学生说，那坏了的牙，让他觉得疼痛，就想着尽快拔掉它。他完全按照他的经验来理解，但并没有完整联系我所讲的内容。

我对他说："这个理解不能说完全不对，但是对我刚刚讲的故事中的关键词句并没有完全把握。"我又有意识地重复了一遍这个小故事，并强调了其中的一些关键词。

这回，有学生意识到了，那位老教师说关于"坏牙"的事儿，是他在打比方那学生就像是一颗坏牙一样，明明知道你碰到它会疼，但是还会忍不住时常用手指碰碰它，用舌头舔舔它。

因为这个比方实在是太恰当，太形象了。这位老教师用幽默风趣的语言告诉我，上课时，老师对那些违反纪律的学生采取不理不睬、视而不见的态度是多么难的一件事。于是我大笑起来。

接下来的问题就好解决了，我问学生，为什么我要讲这个故事给他们听呢？学生就很自然地知道，不要成为老师心目中的那颗"坏牙"。

【课后反思】

这节课，我想学生除了对"坏牙"的笑话有较为深刻的印象之外，还更明白了具体怎么做才算是认真听课、才算是认真读书，这应该是这节课的最大收获。

作为老师、家长，我们不能只告诉孩子们他们该做成什么样。态度固然很重要，但只有好的态度不能解决所有问题，还必须要有好的方法才行。

对于孩子来说，与其喋喋不休地告诉他们应该做到怎样，不如教给他们一步步的可操作的高效的办法，这远比告诉他们应该或者必须达到某一个目标要重要得多、有用得多。

"错别字诊断书"

　　学生的错别字是一件很让人头疼的事情，但其实不仅仅让老师头疼，而且学生自己也会头疼。因为一般在学习到某一课的生字生词，或者考试考到某一些生字生词时，如果学生在书写上出现差错，那么通常会被罚抄，一遍不行两遍，两遍不行五遍，甚至抄十遍百遍的情形也所在多有。

　　令人头疼的事情，最终还是要用"头"来解决，要动脑才行。惩罚抄写，大多数时候还只是锻炼了手部小肌肉，但并没有真正引导学生动脑。

　　要引导学生动脑，就要有方向，有方法。这要特别感谢有"语林啄木鸟"之称的《咬文嚼字》杂志给我的启发。基本的方向是要引导学生既知其然又知其所以然，也就是不仅仅要让学生知道某个字错了，而且要研究清楚为什么错了，不但要研究清楚这个字为什么错了，而且能够举一反三，争取今后与此相类的情形不出错。要想做到这一点，方法就是给错别字出"诊断书"。

　　什么样的"诊断书"呢？我给学生打了几个小样。

【小样一】

　　某日，在小餐馆看到冰箱侧面贴着一张告示："本店不提供热水，请凉解。"读后不禁哑然失笑。难道是不提供热水，请用凉水解决吗？显然"凉"应该是"谅"之误，两者形近音亦近，因此出此差错。

"凉"为形声字。从水，京声。本义：寒。凡是从两点水的字常常和水有关系，比如"冰、冲、净、冷、决、冻"等。"谅"也是形声字。从言，京声。本义：诚实；信实。从言字旁的字常常和说话有关，比如"讲、议、讯、训、论、讽、诀、评、认、识、讹、诈"等。"谅解"是"了解实情后原谅或消除意见"。请人"谅解"当然要用语言表达出来，所以要从言字旁。

【小样二】

和朋友一起在小餐馆点菜，忽然他说，这个菜你一定没吃过。我大吃一惊，这个小餐馆来过很多次，应该没有没吃过的菜。一看菜谱，赫然写着"清纯羊肉"，不禁大笑。"纯"应该是"炖"之误，两者形近致误。

"纯"为形声字，从糸（mì），屯声。从"糸"，表示与线丝有关。本义：蚕丝。和绞丝旁有关的字，常与"丝"有关，比如"纱、纶、纹、练、经、结、络、绎、缠、绕、绝"等。"炖"也是形声字。从火，屯声。本义：和汤煮烂。从"火"字旁的字常常与火有关，烹饪时多需用火，所以很多与烹饪方法有关的字多为"火"字旁，比如"炒、炝、炸、炜、烤、烘、焙、烩、焖、焯、煲"等。当然，也有一些与烹饪方法有关的字是从四点底的，如"煮、烹、蒸、煎、熬、熏"等，因为四点底也与火有关。

【小样三】

在某快餐小馆的墙上，看到这样一张价格告示：

快餐

一晕 12 元 / 份

两晕 16 元 / 份

看后不禁头一晕，然后大笑起来。"晕"显然应该是"荤"之误，两者形近。

"晕"形声。从日，军声。本义：日月周围形成光圈，如日晕。后来也由此引申为头晕，或许是觉得头晕和日晕一样，也是在让头四周昏昏然吧。"荤"形声。从艸，军声。艸（艹）篆书像草，表示与草本植物有关。军是武装组织，有攻击性，而荤有特殊气味，带有刺激性。本义：指葱蒜类辛臭的蔬菜。但此处的"荤"则是指鸡、鸭、鱼、肉等食物。与"素"相对。如今肉价飞涨，所以大约也要让人看了"荤菜"的价格会"犯晕"吧。

【小样四】

在今年的迎新条幅上，某高校将"热烈欢迎"印成了"热列欢迎"，舆论哗然。

烈：形声。从火，列声。"火"字在下面一般写作四点。本义：火势猛。"热烈"意思是"具有强烈感情、激情或热情的"。用"热烈"修饰"欢迎"是突出欢迎情感之真、之强，有"热烈"而无"热列"。列：形声。从刀，本义：割，分。"裂"之古字即"列"，比如《荀子》中有"古者列地建国"之说，今日常用之"排列""陈列""列队"等的含义皆由其本义引申而来。两者形近音同致误。

看过这样的错别字诊断书，您觉得如何呢？可能有些人会觉得这对初一的学生明显要求偏高了吧。其实不然，这个诊断书有明确的写作框架思路可循。下面我具体说说操作步骤，其实就是一个"三步走"的过程。

第一步：找到错别字。错别字随处可见，各种招牌、告示、报纸、杂志、电视、网络、学生的试卷、作业等，凡是有文字的地方就可能有错别字，要培养学生对文字的敏感性，培养学生时时处处皆有语文学习材料的意识。对主动的学生可以放手让他们去做，对被动的学生可以选取他们作业或试卷中的错别字，指定他们有针对性地去做。如果能够坚持每次都做到"有图有真相"最好。

第二步：指明正误，并简要归因。指出哪个是错别字，正确的应该是什么字。然后做一点简要的归因分析，指出是因为哪一种原因导致了这个错别字的出现。大多数错别字出在形近、音同（音近），或者两者兼有这三种情形。

第三步：具体分析及扩展。对"别字"以及"正字"从字源上和语义上做一些分析，并由此做进一步的拓展，尤其是形声字，要从偏旁部首的角度做一些拓展。这个步骤看似很难，但实则不是很难。要教会学生使用纸质、网络的工具书，通过工具书筛选有用的信息，也要给他们提供一些诸如常用偏旁部首的基本意义等资料的支持。所以归根到底，这个具体分析及拓展就是一个按要求填空的过程。

老师对学生上交的作业会做一些后续的反馈，不仅仅反馈给个人，也反馈给全体，并将优秀作业通过纸质版、电子版等形式推送给每一位同学。这样，每位同学每周所学就不仅仅是自己分析的那一两个错别字，而是几十个错别字。然后还要进一步设计活动，对学生读过这几十个错别字的诊断书之后的效果做相应的检测反馈。通过滚动筛选的方式，每周、每月、每学期、每学年都将有相应的成果。

从实操效果来看，最初我要求学生写错别字诊断书时，很多学生因为从没做过这样的事情，所以不知道该怎么处理，要么过于简单，仅仅指出了错别字的正误，要么过于烦琐，分析的路径和方法也不对。但给学生打了样儿，做了更具体的指导之后，已经有一部分模仿能力强的学生做得像模像样了。

明确了方向和方法，接下来就是坚持实践了。当然我也会根据实践过程中发现的问题不断调整，今后诸如字音、字义、词义乃至病句等，也都会采用类似的方式处理，给学生可操作的方法，引导学生真正动起来。这样扎扎实实地一步步走下来，到初三中考，就完全可以"任凭风浪起，稳坐钓鱼船"，不用着急了。

附录：关于"错别字诊断书"的答疑

我在班级的语文读书群中抛出这样一个问题。

"诸位同学，提供一个错别字诊断的材料，有兴趣的同学可以做一做。我儿子在读小说的时候把'绵里藏针'读成了'锦里藏针'。读了白字，但是也给我一个提醒，其实"绵""棉""锦"这三个字是很容易弄混的，考试也经常涉及。所以，请同学们追根溯源一下，争取一次性地把这些字的区别搞定。"

很快，两个小时不到，就有勤奋的同学按照我的提示写了"错别字诊断书"。

最初，他并没有解释这三个字共有的部分"帛"，于是，我给他一些提示，建议他研究一下这三个字和"帛"的关系。这位同学在第二次修改时，这样解释"帛"：

> "帛"读作"bó"。它是丝织品的总称，组词有"布帛""帛书""竹帛"等。杜牧的《阿房宫赋》中有这样一句话："瓦缝参差，如周身之帛缕。"字中有"帛"，通常与"手工""丝织品"有关，当然也是有一定特殊用法。

其中，"帛"与"丝织品"有关，没有问题，但是为什么就与"手工"有关呢？我就此提出疑问，希望他能提供一些证据。他给出的依据是丝织品算手工业，于是，"帛"与手工有关。这样的推理是比较牵强的，于是我进一步提示发问。此外，我告诉他要追溯一下"绵""棉""锦"三个字的造字依据，强化对形声字的认识。

过了一天，他把三个字的字源查证到了，尤其是对"锦"的解释做了进一步的梳理，发给了我。然而，他对"锦"的造字理解是有误的，他把本应作为声旁的"钅"，当成了形旁，于是做出了一番"金"和"锦"的联想。我告诉他，可以考虑直接在原文的每个字刚开始解释的时候，补充其字源解释，这个"钅"在"锦"中是声旁，不是形旁，不必从表义的角度考虑。

事实上，他自己的纠结也正在这里，觉得没有把握，所以，我进一步给他一些提示，告诉他该如何处理。然后他又把进一步修改之后的稿件发给了我。

他最终的"错别字诊断书"呈现是这样的，肯定还有这样那样的一些细节问题，但整体来说，已经比最初大有进步了。比如，关于"绵"和"棉"在造字上的理解仍有一定问题，至少是不全面的。这两个字不是形声字，而是会意字。

如何区分"绵""棉"和"锦"

生活中我们总能遇到"绵""棉"和"锦"三个字，它们就像孪生兄弟般长得相似。但是在实际运用中它们之间却有所不同。

这三个字共有的结构是"帛"。"帛"读作"bó"。它是丝织品的总称，组词有"布帛""帛书""竹帛"等。杜牧的《阿房宫赋》中有这样一句话："瓦缝参差，如周身之帛缕。"字中有"帛"通常与"丝织品"有关，当然也是有一定特殊用法。

先来说"绵"。"绵"的"纟"是义符，即丝织品。其字义有"蚕丝结成的片或团"；"像丝绵那样柔软或薄弱"；"像丝绵那样连绵不断"；"性情温和"，等等。《资治通鉴》中有这样一句话："身衣布衣，木緜（mián）皂（zào）帐。"其中"緜"通"绵"。"绵"常见的组词有"绵羊""绵软""绵长"，作"性情温和"时可造句："他平时挺绵。"

再来看"棉"。"棉"的木字旁是义符，即棉花的生长地在植株灌木状的植物上，与"木"相关。其字义是"一年生草本植物，果实像桃，内有白色的纤维和黑褐色的种子。纤维供纺织及絮衣被用。种子可榨油，供食用和工业"。"棉"常见的组词有"棉花""棉布""棉桃""棉絮"等。

最后来关注"锦"。"锦"的"帛"是义符，"帛"可作"金帛"，是一种精致的织物。"锦"在古代本身指"锦袍"，是一种华丽的裷裰，同时也反映出了豪华的生活。注意，这个字虽然和前二者长得很像，但是它的读音不同。"锦"读作"jǐn"。其字义有"有彩色花纹的丝制品"；"鲜明美丽"，等等。《说文》中有这样一句话："锦，襄邑织文。""锦"常见的组词有"锦旗""锦绣""蜀锦""锦霞""锦缎"等。

综上所述，来引入一个词——绵里藏针。"绵里藏针"的意思是比喻外表看起来温柔、软弱，实际内心刻毒强硬。关于"温柔"的意味与"绵"字的"性情温和"有了关联，而与"棉"或"锦"则不搭。区分这些易混淆的字不能只靠死记硬背，而应追其源，彻底明白这个字的含义。

其实，告诉他一个结论很简单，但是，之所以不告诉他，还是希望让他去探寻，让他通过这样一次探究找到一些研究的正确的路径和方法。

事实上，他也确实感受到了这个进步的过程。这种进步不是一个知识点的收获，而是一种方法的收获，可以举一反三，迁移到其他的知识点的学习中去。

最后要做一点儿总结，为了这样一个字，我反反复复，来来回回地和学生有这么多交流值得吗？我觉得很值得，因为我一以贯之的思路是，不仅要让学生知其然，更要让他们知其所以然，这个过程，正是通过自己的探究知其所以然的过程。

还有一点更为重要，这个过程，实际上是激发他们探究兴趣、培养他们探究能力的过程。因为无论老师讲得如何多，知识是无穷的，不可能穷尽，所以，教给他们方法，比教给他们知识更为重要。

费了这么大劲儿，只教了一个学生，是不是会觉得效率有一点儿低呢？事实上，我的感觉非但不觉得低，反而觉得高。

教育不是大工业，不是流水线上的工业产品，而应该是手工业，需要一点点打磨，慢慢地一个一个来。这样看似很慢，实际上却真有效果，真能打磨出耀眼的美玉来。

趣辨词语的用法

年级话剧表演，在《诸葛亮舌战群儒》片段中，扮演孙权的同学对手下大臣说："我盘踞江东……"听到这句台词，我一愣，马上编辑短信发到班级读书会群里，让学生思考一下在这句台词中"盘踞"一词使用是否得当。

很快，就有学生使用"汉典网"，找出了"盘踞"的意思——"非法占据；霸占"。

显然，"盘踞"是一个贬义词，孙权不可能自己说自己"非法霸占了江东"。在词语使用时，要注意情感色彩，褒贬不能混用。

那么，不用"盘踞"，而用"占据"可以吗？

占据的意思是"用强力取得保持"。

与"盘踞"偏于贬义相比，"占据"一词偏于中性。比如，在《隆中对》一文中，就有"孙权据有江东，已历三世，国险而民附，贤能为之用，此可以为援而不可图也"的说法，这里的"据"就是"占据"的意思。

可是，进一步考虑孙权的身份，考虑他说话的对象，如果使用"占据"一词，缺少一份霸气，那么，该用什么词合适呢？

有学生说用"雄踞"。

雄踞的意思是"有力地占有"。

"盘踞"和"雄踞"的中心词都是"踞"。但是一"盘"，一"雄"，两个不同的修饰语，决定了两个词的不同情感色彩。"雄踞"一词褒义色彩较强，用在这里比较合适。

后来，听有和演员熟悉的同学反馈，原来台词正是"雄踞"，而不是"盘踞"，只不过是扮演孙权的这位同学一紧张，把台词说错了。不过，这个无心之失却给我们提供了很好的词语情感色彩辨析的素材。

在另外一出"三曹"戏中，曹操在弥留之际，托付众大臣，要立曹丕为接班人，众大臣异口同声地说："臣等愿意鞠躬尽瘁，死而后已。"

那么，这个"鞠躬尽瘁，死而后已"用在这里是否合适呢？

"鞠躬尽瘁"的意思是"小心谨慎，贡献出全部精力"。"死而后已"指"到死后方才停息"，谓尽献一切力量。

从语义上看没什么问题，这句话很好地表露了众大臣的心迹，要尽心竭力辅佐曹丕。

但是，"鞠躬尽瘁，死而后已"的语源出在哪里呢？

这八个字出自诸葛亮的《后出师表》最末一句："臣鞠躬尽瘁，死而后已。至于成败利钝，非臣之明所能逆睹也。"（有的版本"鞠躬尽瘁"作"鞠躬尽力"。）

当然，"死而后已"最早典出《论语》："士不可以不弘毅，任重而道远。仁以为己任，不亦重乎？死而后已，不亦远乎？"

关注到出处，问题就来了。诸葛亮的《后出师表》是写给后主刘禅的，写作时间要比曹操去世时间晚七八年，这时候众大臣就说"鞠躬尽瘁，死而后已"，有让这个短语"早产"的嫌疑。

诸葛亮在《后出师表》开篇即谈道："汉贼不两立，王业不偏安。"退一步说，即使"鞠躬尽瘁，死而后已"这个短语出现不晚于曹操去世，如果是诸葛亮所说，那么，众大臣如果引用了诸葛亮的话，恐怕非但不会让曹操开心，还会触他之怒吧。

当然，也不能说"鞠躬尽瘁，死而后已"用在话剧的这个语境中完全不对，毕竟无法证明这个短语一定就是诸葛亮第一次说的。不过，从大众的认知角度来说，这样使用，确实显得有些别扭。

所以，词语使用还需要注意语源的问题，典故出处的问题。

有学生写了随笔在课前交给我，其中有这样一句话："我一下子矗立在原地。"我也随手拿过来，分析了一下。

"矗立"的意思是"高耸直立"。

虽然"矗立"的核心语素是"立"，但并不是任何人或者物的"立"都可以用"矗立"。"矗立"一般用在"物"而不用在"人"上，这是一个词语适用范围的问题。

我把这三个词语使用的问题放在一节课来讲了。有学生不太理解，为什么忽然跳开课文，开始东拉西扯地讲这几个看起来和考试不太相关的内容呢？

我给他们展示了北京市 2006 年中考语文的第 4 小题。

4.下面文字介绍的是北京奥运会主场馆的设计。用一个词语评价这一设计，最恰当的是（　）

北京 2008 年奥运会主场馆"鸟巢"的造型，是中国筑巢引凤、对外开放形象的象征，场馆灰色的钢结构框架与红色的碗状看台吻合了灰墙红门的老北京胡同特色。

A.惟妙惟肖　B.巧妙绝伦

C.妙手偶得　D.异想天开

这个题难度不是很大，大多数学生能够选择出正确的答案"巧妙绝伦"。但要注意四个选项中的词语设置，都是在哪些角度"挖坑"。

"惟妙惟肖"和"巧妙绝伦"，从词语意思上来说，前者偏于强调"像"，形容描绘或仿造得简直和真的一模一样。但文段内容并没有强调"鸟巢"如何像鸟巢。后者则偏于强调"妙"，指精巧奇妙到了极点，在同类事物中没有能与之相比的。文段正是强调鸟巢设计的独具匠心。

这两个词语要从语义上准确把握，可以说是在准确理解语义上"挖坑"。

而"妙手偶得"一词，不是花了两块钱买彩券然后中了五百万元，就可以用"妙手偶得"来形容，这个词语是有典故出处的。陆游诗："文章本天成，妙手偶得之。"所以，这个词语的适用范围一定是指文学艺术创作中灵感突发的偶然所得。这个词语可以说是在词语适用范围上"挖坑"。

"异想天开"一词，意思是"形容想法非常离奇，不可能实现"。从情感色彩上来说，偏于贬义，当然，也可以有贬义词褒用的情况，比如："科学工作者有时候要有一些异想天开的能力。"这个词语是在词语的情感色彩上"挖坑"。

我讲完了这道中考真题，用心的同学注意到了，原来前面讲的"盘踞""鞠躬尽瘁，死而后已""矗立"等，正是围绕着词语运用问题中容易"挖坑"的角度展开讲解的。

当然，讲完这个问题之后，我也不忘再次强调，语文学习最根本的还是要多读多写，没有这个作为基础，你即使知道了命题人"挖坑"的方式，你还是躲不过这些坑。还是要努力做到"一力降十会"才好。

我的课堂就是这样，各种资源看似随手拉扯过来，实则背后都有相应的中考真题作为支撑，希望在潜移默化中提高学生的语文素养。

连词成段——学习字词读写的好方法

在部编版初中语文教材每一课课后都有一个读读写写的练习。

关于这个读读写写的练习，传统上的做法是什么样的呢？当然是"读读写写"，要学生读一读，然后再写一写，在抄写本上写几遍或者接下来在听写本上听写一下。

也有一些进一步的做法，要求学生把某些词语抄写下来之后，还要通过查阅字典词典等工具书，以及关注课下注释的方式，把这些词语的解释也抄写下来。交上来作业本之后，老师迅速画对钩，然后发回去。

新一轮的教学，我想要换一个思路。语文学习不但要治标，更要治本，不能只是停留在浅层次上。

先要琢磨一下字词学习的最终目的是什么。

字词学习一定不只是停留在会读、会写上，而且应该会用，字词要成为写作的材料，随时随地可以灵活运用才行。而这三个层次属于递进关系，会读不一定会写，会写不一定会用，但反过来，如果能够在写作时灵活准确地运用这些字词，则会写、会读应该不是大问题。

有鉴于此，从最终目的出发，我要求学生在处理这个读读写写的练习时，采用连词成段甚至是连词成文的方式。

下面，简单介绍一下这个方法的一些基本操作步骤，并对为什么采取这些步骤做一些相应的解释说明。

第一步：根据自身掌握的情况，将词语简单分类处理。

以字音、字形掌握情况为标准，区分为"会"与"不会"两类。之所以要学生自主判断，而不是指定全部或者其中若干词语，是因为初中阶段的语文字词学习已经和小学阶段尤其是小学初段大不相同，呈现出更为个性化的特点。

小学初段学习字词更多是齐步走，大家都要同时学习某些字词。但初中阶段则不同，不必再齐步走，因为每个学生的积累水平不同，可能有些人不会的词语很多，有些人则不会的词语很少；有的可能这个词语掌握得不好，有的可能是那个词语掌握得不好。如果再采用齐步走的方式，显然违反了因材施教的基本原则，因此采用自主选择判断的方式，更符合个性化学习的需求。

第二步：根据指定标准对词语进行再次筛选。

这一次的指定标准，不再局限于字音和字形，而且还要包含字义和词义。不但包含字义和词义，而且要特别偏重于此。在选择词语时，偏重于选择动词、形容词、副词等，而把名词或者偏于名词的词语排除在外。因为名词本身的含义比较确定，用法也比较简单，不像动词等词语那么灵活多样。

以第一课《春》的课后练习为例，比如，"嗡、喉咙、风筝"等词语就可以排除在外，如果这些词在字形上掌握得不太好，可以动手写上一两遍，也可以查查工具书追溯一下字源，了解得更深入。可以入选的词语如"朗润、酝酿、卖弄、应和、嘹亮、烘托、静默、抖擞、健壮、呼朋引伴、花枝招展"等。

第三步：抄写选中的三到五个词语，做连词成段练习。

之所以不要把所有的动词、形容词等都选入其中，有两点原因：一个是每个词语的应用难度不同，比较常用、自己又比较有把握的词语，就可以不选。同样，那些明显生僻的词语也可以不选。要选取那些虽然常见常用，但用法灵活多样的词语。另一个是如果选取的词语过多，在连词成段或连词成文上就有相当难度，难免为了使用某个词语而使用某个词语，使得文段在文气上不能保证流畅自然。

第四步：将在文中使用到的指定词语重点标注出来。

这一步可以和上一步同时完成，可以在相关词语下加着重号，也可以改变不同颜色等，主要目的是给批改作业的老师提供方便，能够清晰地关注到是否使用了选定的词语，这些词语在这个具体的语境中是否准确，且迅速将那些使用不当的词语标注出来。

做连词成段练习至少有以下几大好处。

第一，并没有耽误读读写写，因为筛选时要写一遍，同时在文中应用的时候也要写一遍，这样，相当于至少抄写了两遍。

第二，要会读、会写，会用才最为关键。关于词语应用是否准确，不能只是依靠做相关练习完成，如果学生自己能够在写作中准确运用相关词语，那么在做相应的选择题时也非常容易，不能本末倒置。

第三，连词成段或连词成文本身就有相当的难度，不但需要准确使用选中的词语，而且还要构思成段，甚至连缀成文，这本身就是一个非常好的写作练习。

下面展示几个同学主动做的连词成段练习，并附上一点点评，对前面提到的若干注意事项做一点强调或补充说明。

【样例一】

呼朋引伴、喉咙、嘹亮、应和、烘托。

清晨，鸟儿们呼朋引伴地舒展着嘹亮的喉咙，时不时地有鸟儿应和着，烘托出一片欢快的氛围。

【评语】

1."喉咙"作为名词，用法比较简单，可以不选。2.能够在这样简短的几句话中把这些词语都用到，展现出了不凡的语言功力。3.所设置的语境和《春》这一课比较相近，可以尝试着跳出课文中的语境，这样，可以增加用词的难度，同时，又能够更好地掌握同一个词语的不同用法。

【样例二】

酝酿、卖弄、静默、风筝、呼朋引伴、抖擞。

一场倾盆大雨正在云中酝酿，天，黑沉沉的。那些本应卖弄清脆歌喉的鸟儿，此刻也静默无声。空气中的潮湿略带一点压抑，越飞越低的风筝也似真的鸟儿一般，呼朋引伴地急忙归家。它们在等待着，等到雨过天晴，再出来抖擞抖擞精神，叽叽喳喳地诉说着各自看到的、听到的。

【评语】

使用了课文中使用的若干词语，但是又不局限于课文提供的语境样例，而能跳出来。比如，课文中说"鸟儿们……呼朋引伴地卖弄清脆的喉咙……与轻风流水应和着"，而这段文字中却说风筝们"呼朋引伴"，而且把"抖擞精神""叽叽喳喳"也用在了描写风筝上面。风筝看到了什么，听到了什么呢？没有说，但足够耐人寻味，引发联想。如果一个学生拥有这样高超的语言表达能力，还需要担心他的语文学习成绩吗？

【样例三】

朗润、酝酿、静默、呼朋引伴、卖弄、喉咙、嘹亮、花枝招展、撩动、风筝、抖擞、健壮。

又是一场春雨过后，天朗润起来了，一颗颗露珠沿着叶脉滚动到了叶尖，酝酿了一会儿，然后——"啪"，它蹦到了地上，发出了极小又清脆的呼唤。这下，静默的大地又热闹起来了，更多的露珠欢呼着滑向地面，为雨后的狂欢拉开了序幕。

瞧啊，几只不知名的小鸟在呼朋引伴地卖弄自己的喉咙，以嘹亮的歌声拔得头筹；风姑娘也不甘示弱，一边带起几朵花瓣，把自己扮得花枝招展，一边又撩动着跑出来放风筝的小孩子的头发；孩子们个个精神抖擞，在软软的草地上玩得不亦乐乎，稚嫩的童音烘托出一片美好祥和的场景，与不远处叮咚作响的泉水应和着，仿佛乐队中的"男低音"的翻版，预告着狂欢已进入尾声。几个健壮的中年人把孩子领走了，渐渐地，一切又恢复了平静，天边的彩虹桥悄悄地架起来了，它笑而不语——刚才的演出全叫它看见啦！

【评语】

这位同学使用的词语更多，而且，也构思了一个非常完整的场景。有一些词语的使用语境是从文章中直接借用过来的，比如，"天朗润起来了""小鸟在呼朋引伴地卖弄自己的喉咙"等，也有一些则有自己独特的创造，比如"酝酿"一词，在这段文字中使用得尤其恰当，把露珠慢慢悠悠地从叶子上滑落的情形生动地表现出来了。

对于大多数同学来说，如果不具备这样高超的语言驾驭能力，可以不必使用这么多的课文中指定的词语，选择三五个就够了，这样在构思段落时所受到的束缚也比较少，方便伸胳膊伸腿儿。虽然没用到课文中的更多的词语，但是，只要是写作，就是在用词，就是一种很好的词语运用的训练。

第三章

语文备考，给学生做减法

语文应试的"三重境界"

王国维在《人间词话》中说："古今之成大事业、大学问者，必经过三种之境界。'昨夜西风凋碧树，独上高楼，望尽天涯路。'此第一境也。'衣带渐宽终不悔，为伊消得人憔悴。'此第二境也。'众里寻他千百度，蓦然回首，那人却在，灯火阑珊处。'此第三境也。"

套用一下这个经典的三重境界说，我以为针对语文应试也有三重境界。

即绞尽脑汁纠结于某一个题，还弄不明白，此第一境也。

能做对一道题，但还不能完整清晰地讲述其中的道理，此第二境也。

经过不懈的努力，忽然发现这一道题是某一类题的典型代表，由此这一类题都能凭感觉做对。此第三境也。

以上或可称之为语文应试的"下三重境界"。

除了"下三重境界"，还应有"上三重境界"。

即以"下三重境界"中的第三境为起点，某一类型试题能凭感觉做对，但还不能很透辟地把握其中的规律。稍有变化，就不知该如何是好。此第一境也。

能够明确讲清某一类型试题的规律，但在针对语文应试的复习过程中，条块分割，不能融会贯通。此第二境也。

能够将所有类型的问题打通，不单能看出某题属某种类型，而且能看出看似不同类型的语文试题所考查的语文能力的相通之处，俯瞰语文学习。此第三境也。

要让学生在语文应试中的境界不断得到提升，需要语文老师的正确引导。

我以为教师在指导学生应试的过程中，不能仅仅满足于教会学生做一道题，还应由此教会学生会做一类题；不仅仅应该教会学生会做一类题，还应该站在更高的层次让学生认识到，千变万化的试题类型无外乎考查的就是那么某一种或某几种语文能力。

但我这样说，不是要教师将语文课变成语文习题训练课，纯以讲明白某一道题、某一类题，或者某一能力为能事。这样的课会让学生觉得索然无味，严重背离语文课应有的活力与趣味。

教师头脑中应该有这样的认识，有关于一道题、一类题、一种能力的认识，然后，将这种认识在课堂教学过程中，通过各种语言材料（不是专门的应试材料，甚至要专门排除应试的材料），在"有意""无意"之中将提高学生的语文素养。

所说的"有意""无意"需要专门解释一下，那就是对教师来说，应该是"有意"去教，但又不要刻意强调这是在讲解某一道题、某一类题或者某一种能力，在学生看来应是随性随缘，使他们由此于"无意"中得之，这样的语文课就应该是学生爱上的语文课，而不是单纯的语文训练课。也就是说，我们虽然应该准备应试，但必须跳出应试，站在培育语文素养的高度来认识与思考问题。

简谈应试中的"减负增效"

【按】本文是2012年中考结束后做的一个总结，虽然距今已经十多年了，但很多基本理念和实践今天依然在坚持。

"减负增效"这个口号喊了很久了，结果是越减负担越重。学生哀叹"减负"等于"加正"，老师觉得职业枯竭，每日在如山的作业木中消耗生命。在观念上大家都认同"减负增效"，但在实际行动中没人敢真的"减负"，生怕"减负"的结果是"减效"，那样，不但没有功劳，苦劳也没有了。

初三阶段，我下定决心有意识地做了一点"减负增效"的工作。

"减负"主要表现在教学过程中努力做到"三不"，即不加课、不拖堂、不留作业。在初三一学年中，我没有增加过任何一个课时，哪怕是年级统一要求的诸如早读或者午自习，也绝对不讲课，早读还给学生，让他们有琅琅的读书声；午自习让他们有充足的休息时间，有问题可以单独解答，绝对不利用午自习统一做练习、讲练习。做学生的时候我就讨厌拖堂的老师，拖堂并不和对工作高度负责画等号，"拖堂等于拖肾"，学生太需要十分钟好好调整一下了，所以，我绝不拖堂，通常会在打铃前说完最后一句话，或者留出几分钟让学生消化一下本节所讲的内容。只要下课铃一响，哪怕是有半句话没说完，也要咽回肚子里面去。严格来说不留作业这一点我没有完全做到，因为各种原因，初三一年大约布置过10次以内的作业，每次不超过半小时即可完成。其他的练习，都在课堂上完成，甚至明确说明不需要在课下提前做好预习，课上会给充分的练习时间，只要抓住课堂这个主阵地即可。

以上显见"减负"的工作，是不是"增效"了呢？我初三阶段所接的两个班始终保持在接手之前在年级中的位置，普通班年级第二，实验班虽一直最末，但平均分分差一直没有被其他实验班拉开。中考成绩亦如是。从这个意义上来说，"增效"的结果差强人意，即使退一步讲，就算是没有明显的"增效"，但在如此大规模减负的情况下没有"减效"，也相当不易了。

除了这个分数上的可衡量的"效"之外，有没有其他的"效"呢？学生把在我教的学科上节约下来的时间和精力用在了哪里呢？虽然我希望他们用来更好地休息、更好地生活，但更可能是用来完成其他学科的作业了，这虽然不是我期待意义上的"效"，但不可否认这也是一种"效"吧。

下面简单谈谈我是如何做到"减负增效"的。要做到其实并不难，主要基于两点，一点是对中考命题规律的深刻把握，还有一点就是对学生学习主动性与自觉性的挖掘。

主要谈谈第一点，即深刻把握中考命题规律。

北京市中考语文学科《考试说明》中明确提到中考要做到三个"有助于"，即"有助于高级中等学校的录取工作，有助于促进义务教育质量的进一步提高，有助于课程改革的逐步深化和素质教育的全面推进"。这三个"有助于"可以说决定了中考试题"稳中有变"这个特点，可以说"稳中有变"在分析中考试题时绝对不是一句空话，而是一句非常值得揣摩的话，在初三复习备考过程中，要抓住试卷总体稳定这一特点，做好主要内容的复习，同时，要看清"变化"的趋势，对新一年的命题方向有所预测。

从2007年开始，我连续多年参与西城区初三模拟题的命题工作，在命题过程中，通过和专职教研员以及各校兼职教研员对中考试题的研讨，不断加深了对中考试题的认识。

从 2006 年开始，我也连续多年参与或主要负责西城区初三语文阅卷，这样的阅卷经历，使得我非常清楚每一年每一道题评分的具体执行细则，在给学生讲解试题过程中就不会死抠参考答案，而会灵活处理，告诉学生答到什么样的程度就可以得分。在担任作文评卷组组长期间，我结合语文教学的基本规律以及本区的教学实际，对中考作文的评分标准做了进一步细化，并积极主动和作文阅卷老师沟通交流，了解他们阅卷过程中的思维状态。这对老师们指导初三学生做好中考作文备考非常有利，能够做到方向明确，事半功倍。在我的教学过程中，也能及时明确指出怎样的作文属于高风险作文，使得那些语文素养较高，但文笔有剑走偏锋之势的学生能够回到正确的轨道上来。

无论当年是否带初三毕业班，也无论有无行政命令，我都会非常严肃认真地分析当年中考试题的特点与走向，并形成文字，所做的中考试题分析多次被西城区和北京市教研员在各种讲座中大量引用。

通过以上这些扎实的工作，我对中考命题规律有了深刻的把握，在指导学生备考复习时能够高屋建瓴，有的放矢。

初三伊始，我就向学生明确要以"落实基础，提高能力"作为复习的指导思想。就落实基础而言，要做到"扎实，高效"。针对中考特点，有范围的部分固然要扎实落实，但要杜绝为落实而落实，低效重复，打击学生学习语文的积极性。就提高能力而言，应做到"抓住典型，明确思路，关注变化，认清本质"。针对试题稳定的部分要"抓住典型，明确思路"，针对试题变化的部分要"关注变化，认清本质"。

首先，就落实基础如何做到"扎实，高效"举两个例子。

一个是中考生词表的处理。一般的处理情形是要求学生通过查字典查出每个词语的意思，抄写在作业本上，然后每个词语抄写若干遍，这是典型的"低效"的做法。我的做法是先明确词语的考点是什么，比如，读音的部分明确"两考两不考"，即，考多音字，易误读字，不考轻声变调，不考拼音规则。然后在课堂上带领学生通读词语表，圈画出重点要考查的读音，采取集中歼灭与各个击破相结合的办法，在课堂上就把读音问题处理完了。在字形方面，也绝对不是简单地要求学生抄写多少遍之后记住，而是要分析学生错别字成因，通过字源、字形、字义的讲解使得学生能够有机整体地把握某个汉字，而不是机械地记忆。

另一个是中考文言文的处理。中考文言文有明确的篇目范围，一般的处理方式是"穷尽"，把绝大部分未经精心筛选的字词一股脑塞给学生，练习到学生手部小肌肉酸痛为止。这是一种很明显的低效的做法。我的做法是先通过中考试题带领学生明确文言考查的核心是字词，字词考查的重点是通假字、一词多义字、古今异义字，尤其是现代汉语常用的而古代和现代解释又有不同的词语。明确了这些之后，结合我个人的经验，把每一篇文言文中的重点词语圈画出来，分出一级词汇与二级词汇，其他的词汇明确可以不必记忆，尽可能减轻学生负担。翻译句子也一改之前的每一个句子都要翻译的办法，而是教给学生翻译句子的基本原则，即"字字落实，调整句式，补充缺失"，在准确掌握词语释义基础上采用这样的方法翻译句子，把特殊的句子标注出来，单独记忆。结果是中考中所有考查到的字词及句子翻译都在我考前给学生圈画的重点范围之内。

其次，就提高能力如何做到"抓住典型，明确思路，关注变化，认清本质"说两点做法。

第一个做法是明确每一阶段的练习侧重点是什么，不是眉毛胡子一把抓，把能找到的练习不分先后地都塞给学生，而是有阶段有目的地给学生。

初三伊始考虑到学生对中考的方向还不是很明确，可以先结合一套中考试题，简要分析中考要具备哪些基本能力（注意，不是详细讲解当年中考试题的考点和解决问题的办法，而是让学生初步了解中考的概貌）。这样做的目的是让学生从整体上感知中考是怎么一回事，消除畏难情绪和畏惧心理。

然后，根据学生能力特点，精心选择一小部分历年的模拟试题来讲解，对现代文阅读部分，拿出原文与考试文相对照，让学生理解命题人的思路（尤其是利用近几年亲自命题的现代文阅读的原文和考试文，结合命题经历讲解该题命制过程中的一波三折，这一过程中的思维是如何调整的，等等）。这样做的目的是逐步提高学生解决问题的能力，渐次达到中考的能力要求。

在初三第一学期期末之前一个月到第二学期一模之前，就开始给学生讲历年真题，这一时期学生已经初步具备了解决中考问题的能力，这时把中考中最优秀也是最有效度的中考真题拿出来细细讲解，会达到事半功倍的效果。这样做既为了检验前一段时间练习模拟题的效果，也为了通过中考真题快速提高学生的应试能力。

第二学期一模之后则提出"从模拟看中考"的指导思想。这个"看"包含两层意思，一个是"回顾"，要从模拟题中看出历年真题的影子在哪里；一个是"展望"，要有意识地预测一下今年中考会走怎样的命题路数。而绝对不是模拟题一下来就陷入模拟题的题海中不能自拔。二模结束之后再次给学生明确只要看真题即可，因为真题是最珍贵的，把这部分试题弄清楚了可以以一当十。这样做的目的是在巩固的基础上进一步提高，避免陷入模拟题的题海中而偏离了真题的方向。

第二个做法是让学生从题海中跳出来，有明确的题型的概念。这个"题型的概念"不同于一般意义上的题型概念，不仅包含知识点，而且包含能力点，让学生从最初会做一道题，到会做一个类型的题，再到最终打通所有类型的试题回到语文能力本质上来答题。这样，即使再有千变万化也可以看出是形式上的变化而非本质上的变化。为了达到这一目的，我结合历年中考试题，既把同一年中考题每一个都讲解清楚明白，也把每一个题在下一年以及下下年的发展变化是怎样的给学生明确提出来。这样学生就能够俯视中考，看清中考命题的全貌，而不是仰视中考，在题海的重压下垮掉。例如，2006 年的第 6 小题是一个选择题，考查根据内容和表达的需要补全标题，2008 年的第 3 小题也是一个选择题，是结合语境做好语句衔接，2009 年的第 8 小题是一道综合性学习题中的补写宣传语的试题，我就会带着学生撕下命题形式变化这一外包装，从本质上看这三个试题之间的联系。这样，就做到了举一反三，触类旁通。比如，对说明文的关于语言使用准确性的考点从 2009—2011 年的命题路数做了逐一梳理，并结合各区的一模二模试题，对本年度的中考试题中说明文第一题做了准确的方向性的预测。例子很多，不再一一枚举。

简单谈谈第二点，即挖掘学生学习的主动性与自觉性。

初三第一节课，就要求学生明确一点，学习是他们自己的事情。我作为老师的特点是擅长研究，而不擅长"死揪"。千万不要再"等、靠、要"，觉得我不学老师会着急。对于长久以来习惯了被老师牵着走、推着走的学生来说，这么说是无法起到立竿见影的作用的。因为他们接触到的绝大多数老师都是崇尚"严格要求"的。那么，接下来下定决心在实践中践行这一理念就非常重要了。最初学生确实还是不紧不慢，走走停停，处在观望的状态。慢慢地他发现老师确实不"死揪"，而那些积极主动的学生的成绩快速上来，自己的成绩被拉开之后，就有了危机感。以作文为例，初三一年我从没有催促任何一个学生写过一篇作文，但班级中有三分之二的学生在考前都至少有四到五篇修改好的文章，有一半以上的学生在一学年中找老师面批的次数不下二十次。由此可见，学生学习的主动性和自觉性是在某种意义上不需要挖掘的，只要保持就好了，因为这种主动性和自觉性是天然的求知欲的延续。我们的学生不是不能主动学习，而是太习惯于被老师和家长推着走、压着学了，懒惰或者干脆对抗的情绪就潜滋暗长了。

当下的教育环境，越来越有"英雄不问出处，分数不问来路"的趋势，每个身处其中的人似乎都有不能自拔的苦衷。学生要分数，因为分数是敲门砖，老师要分数，因为分数是业绩表。分数是最容易测量的也是最容易把控的一个因素。但如果我们在教育理念上认同应该"育人"而不是"育分"的话，那么，我们就应该关注在教育过程中的其他变量，尽管这些变量并不可以完全量化，但是，它确确实实地存在，甚至比分数更重要。为了成为一个"人"，我们的学生应该"俯而学"，更应该"仰而思"。为了培育一个"人"，我们的老师也应该"俯而教"，更应该"仰而思"。

只要做到时时自觉地"仰而思"，应试也可以"减负增效"。减负节约下来的时间和精力用在哪里呢？太多太多了，哪怕是"闲看庭前花开花落，漫随天外云卷云舒",那也是比现在这样要好的人生，不是吗？从这个角度上来说，应试过程中的"减负增效"，仅仅是微不足道的工作而已，严格说来，连教会学生"会求知"都算不上。还有更大量的工作等待着我们教育者去做，那就在教育中真正教会学生会做人、会办事、会生活，或者更确切地说不仅仅是教育学生的过程，更是我们作为教育者自我成长的过程。

一模前后，务必要认真研究历年真题

一模前后这段时间，正是初、高三的学生们为一模复习得热火朝天的时候。但在埋头苦学之际，我希望老师、家长，还有学生，能够抽点时间，抬起头来想一想，一模前后怎么复习才最高效。

这个问题答案看似简单，实则不然。不仅仅是很多学生不知道，家长不知道，甚至很多老师也不甚清楚。大家的基本办法就是做题，做题，再做题，觉得只要刷题刷到一定程度，功到自然成。

我们不妨看看现在很多学校初、高三复习的通常做法。初、高三上学期期末考试一结束，就将目标迅速调整为一模，把能找到的各个区县的期末试题都做个遍，哪一个没做到都觉得不大放心。好不容易把各种觉得有一定价值的期末试题做完了，忽然发现，手头的习题不够，于是把去年的、前年的甚至更早前的各种期末试题以及模拟题都翻出来，剪剪贴贴，组成一套所谓的新题，接着让学生练习——总觉得不给点儿新题做，不再添把柴烧把火，这要烧开的水就凉了。

终于熬到一模，粮草弹药再次充足起来，铺天盖地的试卷雪片一样飞来。于是，一套又一套的各区一模试题做起来。学生在漫无边际的试题的海洋中浮浮沉沉，生命不息，做题不止；老师也没闲着，挥舞着红笔，点击着鼠标，不断打钩打叉，和如山的卷子奋战，生命不息，阅卷不止。

就这样，一模完了，做其他区县的一模题；二模完了，再做其他区县的二模题。恨不得直到中、高考前一天，还陷在各种练习之中。

中、高考前一天，如果做个调查问卷，问问学生的心理状态，恐怕只有极少一部分学生胸有成竹，而大部分学生心里没底，甚至觉得心慌慌，总觉得好像还有什么没有复习到位。

复习了这么久，做了这么多题，还是心里没底，说明我们的复习安排一定有问题。总是不断地扩展扩展再扩展，新题新题再新题，掉到题海中，不被淹死，也被呛得七荤八素了。

为什么会出现这种效率甚低、事倍功半的情形？一个重要原因就是我们很多学生、家长和老师对各种试题的作用认知不够清楚，眉毛胡子一把抓，凡是能找到的题，不做心里都不踏实。抓不住牛鼻子，力气费了不少，效果却不好。

要想抓住牛鼻子，先要搞清楚牛鼻子在哪里。本文仅以北京市中、高考为例来说明。其他地区的读者请结合本地区的实际情况自行举一反三。

如果你是北京市 2017 年初、高三的考生，你将要面对的决定你命运的试题是哪套题？

这个问题非常容易回答，就是 2017 年的北京市中、高考试题。但这个决定你命运的真题在中、高考开始的那一刻之前你根本无法一睹真容。但接下来的问题，怕就不那么容易回答了。这套你将要面对的未曾一睹真容的中、高考真题，与你现在正在做的可以看到的各种试题之间是什么关系？

要弄清楚这一点，就有必要梳理一下，你正在做的试题都有哪些类型。

①北京市历年中、高考真题；

②北京市中、高考《考试说明》样题；

③北京市各区县历年中、高考模拟题；

④全国各地的中、高考真题；

⑤全国各地的中、高考模拟题。

下面简要概述一下这些试题之间的关系：

②中的样题主要是从①中精选出来的，只有极个别所谓新题。③是对①的模仿，一般是模仿前一年的真题，偶尔旁及其他年份。④虽然也是真题，但因为各地区情况不同，命题指导思想也并不完全相同，所以在考试范围和命题思路上可能和北京市有很大不同，所以和①关系也不大。⑤是对④的相应各地区真题的模拟，和①的关系更为疏远。

这样说比较抽象，不妨打个比方，用人际关系来说。

2017年北京市中、高考真题和北京市历年中、高考真题，他们是亲兄弟，由共同的爹妈生产，有共同的DNA。各区县的模拟题只是模仿秀，是认干亲，是干兄弟，和真题不是同一个爹妈所生。而且，由于投入有限、精力有限、水平有限等多种因素，各区县模拟水平也参差不齐，能够和真题质量相媲美的数量不多。

全国各地的中、高考题和模拟题与北京市中、高考真题的关系，某种程度上可以说是陌生人。虽然北京市的中、高考命题人也一定会研究全国各地的中、高考题。他们要研究不同人的优缺点，想办法在自己"造人"的时候能优点多多，而缺点少少。但这是那些专家们的事儿，作为考生，没有精力也没有必要涉猎那么多。

在中、高考之前，作为考生，你无论如何都接触不到那一套决定你命运的真题，就好像是你要研究某个未曾谋面，完全不知道脾气秉性的人。那该怎么办呢？

当然要从研究和他共性最多的人入手。研究谁最靠谱，最高效呢？毫无疑问是他的亲兄弟，因为亲兄弟之间有最多的共性。试想，一个家里如果有10个孩子，负责任的爹妈会怎么培养？当然是想尽一切办法，让老小把前面的几个哥哥的优点都继承下来，不断发扬光大，把那些不足都改掉，让这个老小表现得更完美，更优秀。

命题人的心理也是如此。凡是获得赞美被实践证明了的好题，总会想办法在接下来的考试中复制；而凡是遭到批判被实践证明了的烂题，下次命题时就尽可能避开。

在很多外行看来，似乎每年的试题都有很大的变化，但事实上，那只是形式上的变化而已，本质上并没有什么太多的变化。无论哪一个专家分析中、高考试题，都会用到"稳中求变"这几个字。"变化"是一定的，因为不可能完全不变，不变不足以应对深化考试改革的要求；但也一定要在"稳"的基础上有所改革，有所创新，"稳"中求变，小步前进。

明白了以上这些道理，接下来我就可以告诉你，一模前后怎么复习最高效了。

一模的作用，我用四个字来概括——"瞻前顾后"。说得更为具体一点，那就是要站在一模的试题上回顾和展望。回顾什么？回顾一模试题和历年的中、高考试题的关系，研究这个试题是否符合历年中、高考试题的发展变化规律。展望什么？展望一模试题对于未来将要面对的中高考试题有怎么样的指导和借鉴意义。不能只是站在模拟题的错误基点上看中、高考，要从中、高考真题本身看中、高考才更有价值。不要东张西望，要有目的地进行研究。研究什么？研究那个牛鼻子。那个牛鼻子是什么？就是历年中、高考真题。

怎么研究中、高考真题？我给你十六个字的真言："抓住典型，关注变化，认清本质，明确规律。"举更为具体的例子，以北京市的2005—2016年中考语文议论文试题来说明：

1. "惜时，时间会给予意想不到的馈赠"是第④段的一个结论，结合第④段说出这个结论得出的过程。（3分）（2005年）

2. 第③段是怎样论证"宽容方能和谐，和谐才能成事"的？（3分）（2006年）

3. 请你简要分析第⑤段的论证过程。（3分）（2007年）

4. 请你简要分析第③段的论证过程。（3分）（2008年）

5. 请按照第①段的论证思路，将下面三个词语分别填入文中【甲】【乙】【丙】处（只填序号）。（3分）（2009年）

6. 阅读第②—④段，简要分析为什么说创新的快乐来源于"对科研的热爱""创新的过程"和"对创新成果的分享"。（3分）（2010年）

7. 根据文意，将下面三个语句分别填入文中【甲】【乙】【丙】处（只填序

号）。（3分）（2011年）

8.分析文章第①—④段的论证过程，按要求填空。（4分）（2012年）

9.简要分析这篇文章的论证过程。（3分）（2013年）

10.从"任何成功都来源于梦想""战胜困难才能成就梦想""人类因为有梦想而伟大"三个语句中，选择你认为最适合作为本文题目的一个语句，用规范的正楷字抄写在田字格内。（4分，含书写2分）（2014年）

11.阅读第②段，说说作者是如何阐述"忠"的时代价值的。（3分）（2015年）

12.阅读第②段，简要分析作者是如何就"'己所不欲，勿施于人'是维护社会公德、促进社会和谐的准则"展开论证的。（3分）（2016年）

这些试题本质上都是考查论证过程或者说论证思路的试题。这种类型的问题，从规律上来说，都需要在确定解决问题区间的基础上，进行层次划分，概括每一个层次的主要内容，理清层间关系（段间关系、句间关系），最后用准确的语言把相关内容串联起来。

典型的试题如：2005年，2006年，2007年，2008年，2012年，2013年，2015年，2016年。这几年的试题，我们可以看到一个非常明显的发展变化过程。先是一段中局部的论证过程的分析（2005年，2006年），然后是整段的论证过程的分析（2007年，2008年），再然后是多段的论证过程的分析（2012年），再然后是全篇的论证过程的分析（2013年），发展到全篇已经是极致了，于是又返回去，再次要求精细研究一个段落的论证过程（2015年，2016年）。

有变化的试题如：2009年，2010年，2011年，2014年。这几年的试题，虽然有这样那样的变化，但实际上依然是要梳理清楚局部或者整篇文章的论证过程，才能解决相应的问题。2009年的试题要研究清楚第①段论证思路，才能把相关的词语准确填入；2010年的试题要理清相应段落的观点，事例以及分析各自是哪一部分；2011年是在概括式的结尾中填入三个词语，这三个词语正好和前面的三个事例有对应关系，看到这一论证特点，解决其这个问题易如反掌；2014年虽然是填写题目，但如果不理清全文论证思路，自然搞不清楚全文的论证重点是什么，也就无从解决这个问题。

每每有人和我说，他又在做题的时候发现了一个新题型，我的表情都是不屑一顾的。为什么？北京市近十年的中考语文试题，随便你说出一道题来，我都能立刻明确指出这是哪一年的哪一道题。我很清楚这个试题往前看，是从哪一年的哪道题发展变化来的；往后看，这道题又发展变化为哪一年的哪道题。所谓的新题，不过是某一年的试题翻版而已，或者是某一年或者两年的试题的组合而已，穿了马甲我也认识你。

不管中、高考如何变化，我都认真研究中、高考的真题，多读书，多思考，多从根本能力上解决问题，这就是以不变应万变，这就是"一力降十会"。

虽然我不支持为了应试而刷题，但我们必须采用最为高效的复习办法，要做到事半功倍才行。不能只知道埋头拉车，不知道抬头看路，要把节约下来的时间，用在做更有意义的事情上来。

老百姓有一句俗语说："编筐编篓，重在收口。"一模前后，可以说是收口的关键阶段，怎么才能做到高效复习，尽快提高成绩？我要告诉你：研究真题！研究真题！研究真题！

认真审题：充分掌握题目信息

考试前的叮嘱——

老师：各位同学，一定要认真审题。

家长：儿子（闺女），一定要仔细审题。

考试后的总结——

同学甲：我审题不认真，所以，有一些题没做对。

同学乙：我审题不仔细，所以，有一些题做错了。

这样的情形在我们的学校、家庭中反反复复地发生着。俗话说，吃一堑，长一智。但关于审题这个事儿，常常是吃了一堑，但并没有真正地长了一智。

为什么会出现这样的情形？我想有一个很重要的原因，那就是没有人追问一个问题，那就是："啥叫认真审题？"或者说："啥叫仔细审题？"

因为我们习惯性地觉得"认真"和"仔细"是一种态度，甚至有"态度决定高度"这样的被人们奉为真理的所谓名言。但有没有想过，即使我态度再好，百米跑也跑不过博尔特，打篮球也打不过乔丹。所以，态度固然很重要，但方法和能力更为重要。如果没有良好的方法和能力，光有所谓的良好的态度，根本解决不了任何问题。

世间的很多事情都是如此。考试中的审题也是如此。本文就以语文的现代文阅读为例，来具体说说审题的方法问题。这个方法可以应用到语文的其他类型问题上去，也可以应用到其他学科的考试审题中去。

很多学生常常把命题人当成敌人，觉得他（她）老是要挖坑让我掉下去。我当学生的时候也这么想，但等我当了老师，尤其是有了命题的经验之后，才发现我当年的想法多么幼稚。

命题人和我往日无冤，近日无仇，所以，不可能想着一切办法来"害我"。而且，面对少则几千，多则几十甚至上百万的考生，也不可能单单清楚地知道我的弱点在哪里，非要在我的弱点上给我致命一击。

一道好题，要有区分度。让所有的人都掉坑里不难，出个哥德巴赫猜想式的题目就行了；让所有的人都通过也不难，出个"1+1=？"就行了。但太难或者太容易，都达不到测试选拔的目的。要想达到测试选拔的目的，就要让一部分人通过，让另外一部分人通不过，根据选拔的需要，适当调整两部分人的比例。这就是命题人要做的工作，绝对不是针对谁，也不是敌视谁，他对所有的考生都一视同仁。

如何调整两部分人的比例，这就是个技术活。因此，命题人的难点不在于"挖坑"，而是在于"做标记"。如果想简单一些，那就把标记做得显著一些，如果想复杂一些，那就把标记做得隐蔽一些。但无论如何都必须做标记，总不能要求大家蒙上眼睛、光着脚从一堆乱草中走过，告诉大家乱草丛中有一枚图钉，谁扎脚谁倒霉，那就是靠运气，而不是靠能力了。考试要考能力，而不是拼运气。

那如何做标记呢？

具体到语文现代文阅读，每一个问题都会由两部分构成，一部分是助答信息，一部分是必答信息。所谓助答信息，就是帮助你回答问题的信息，主要有两个要点，一个是解决问题的区间，另外一个是解决问题的方向和方法。所谓必答信息，就是要求你回答什么问题，有几个问题，这几个问题是独立的，还是非独立的。

其中必答信息绝大多数同学在审题的时候不会忽略，而容易忽略的是助答信息。助答信息就是命题人做出的标记，既是帮助你回答问题的信息，也是限定性的信息，如果你不接受这种帮助，或者说突破这个限定，那你答题必然出错。

下面就先具体说说如何在审题的时候把助答信息审清楚。

为了让以上抽象的说法具体可感，以北京市中考试题中的经典现代文阅读题《老北京的小胡同》为例来做具体说明。

1. 从第（4）段中找出与第（1）段画线句子意思相近的一句话，抄写在下面的横线上。（2分）

这道题解决问题的区间是第（4）段和第（1）段，而答案则在第（4）段。回答问题的方法和方向是"找出""抄写"，这样的标记显然是在提示考生答案就在原文，是基本的信息提取能力的考查。找意思相近的一句话，实际上是考照应，但北京市的考题避免对概念的直接考查，而是考查对概念的理解和运用。

2. 从作者对胡同"交响乐"的描述中，你体会到老北京的小胡同生活有哪些特点？（2分）

这道题解决问题的区间并没有直接给出，而是用"从作者对胡同'交响乐'的描述中"这样的方式给出，还原回原文，则知道关于"交响乐"描述是在第（5）～（8）段。这样做看似绕了一个弯，没有直接给出解决问题的区间，但实际上前一句话除了区间之外，还隐藏了另一个助答的信息，那就是要先从文章中弄明白胡同"交响乐"的特点，然后在此基础上才能推知老北京小胡同生活的特点。之所以说是"推知"，是因为题干中给了"体会"一词，由此可见，这不是一个简单的信息提取或者归纳概括的问题，而是要有一定的推理分析。

3. 阅读第（9）（10）段，用一句话概括这两段的内容。（2分）

这道题解决问题的区间是（9）（10）两段，单独概括第（9）段或者第（10）段都有问题，必须涵盖两个段落的所有内容才行。提示的方法和方向是"用一句话概括"。很多同学在回答这个问题时，概括为"回忆我小时候的各种各样的玩具"，实际上就是解决问题的区间意识不够强烈，因为第（9）段中的小风车、泥饽饽、风筝等固然可以说是玩具，而第（10）段中的捉蛤蟆、逮蛐蛐、养金钟则不能说是玩具了。

4.结合上下文，品味第（9）段中"大摇大摆"一词，说说这个词都写出了什么。（3分）

这道题解决问题的区间是第（9）段，解决问题的方法是"结合上下文"，由这个要判断是第（9）段本身，还是包含了第（9）段前后的部分。"品味"一词，则在答题方向上提示考生这是一道语言鉴赏的问题。

5.这篇文章寄寓了作者丰富的思想感情，就你感触最深的一点，结合文章谈谈你的理解。（字数在100字以内）（6分）

这道题解决问题的区间是全文，但实际上又有进一步的助答信息，那就是"这篇文章寄寓了作者丰富的思想感情"，而在记叙文中"寄寓了作者丰富的思想感情"的语句又常常是议论抒情的语句，所以，提示我们要找文章中的议论抒情的语句。答题的方法和方向是要"结合文章谈理解"，两个关键词，一个是"结合文章"，另一个是"谈理解"。

再来具体说说如审题过程中如何关注必答信息中的"独立"与"非独立"的问题。如果仅仅是一个问题，就不涉及"独立"还是"非独立"的问题。而在一道问题中，如果涵盖了两个或者两个以上的小问题，就必须要考虑这两个问题之间的关系了。

为了把抽象的问题说明白，依然举具体试题来说明。

从文中看，庙会以哪些主要内容"点缀"了"质朴而平和的乡村生活"？你怎样理解作者今天对"庙会"的认识？（不超过150字）（5分）（北京市2008年语文中考第15题）

这个题中的两问就是相对独立的问题。先解决哪一个问题都可以，两者关系不大，互相之间相对独立。

分析下图，提取主要信息，并用一句话概括北京水资源的现状。（4分）（北京市2012年语文中考第9题）

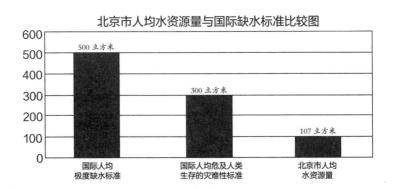

北京市人均水资源量与国际缺水标准比较图

这个题中的两问就是非独立的问题，需要先回答第一个问题，先提取主要信息，即北京市人均水资源量远远低于国际人均极度缺水标准，甚至还低于国际人均危及人类生存的灾难性标准。然后在此基础上再回答第二个问题，概括北京水资源的现状，即北京水资源极度匮乏。

老百姓有一句俗话说："干活不由东，累死也无功。"从考试来说，命题人的要求就是东家的要求，命题人要你往东，你就往东；要你往西，你就往西。绝对不能对着干，叫你喂狗，你非要捉鸡。命题人给你的工具都是你要完成这个问题必须的工具，不能撇开这些工具由着自己的性子，凭着自己的感觉胡乱干一气，那就真的要累死也无功了。

当然，是不是掌握了这个方法就一切都解决了呢？显然也不是的，仅仅有方法还远远不够，还要有能力。比如，当你判断出某一个问题是在考查语句作用，你也知道解决语句作用问题的方法是从"内容"和"结构"两个角度来考虑，但是很遗憾，内容上你读不明白说的是什么，结构上你又搞不清楚和上下文到底是什么关系，那只有这个所谓的方法也没什么用处。

综上，我今天所讲的某种程度上是"一巧破千斤"，但一定还要记得另外一句话，就是"一力降十会"，如果你真的具备深入读懂文章的能力，哪怕没有什么具体的审题或者答题方法的指引，也不会差到哪里去。具体的这个"一力"从哪里来？那就要从平时大量的、深入的阅读中来。

语文基础：用语感碾压考试

学校期中考试在"基础与运用"部分有这样一道题：

过去，在老北京，皇帝在春分时祭祀，要去日坛，虽然比不上祭天的典礼，但仪式也比较隆重，要行三跪九拜的大礼，令人叹为观止。

这段文字中的"叹为观止"被标注出来了，要学生判断该词在这个语境中使用是否合适。大约有三分之一的同学答错了。

如何应对这个问题呢？老师当然可以给学生强调"叹为观止"的意思是"赞美看到的事物好到了极点"，但学生知道这个意思，甚至把这个意思背诵下来就一定不错了吗？

恐怕还不行，还要掰开了揉碎了来说。"叹为观止"在使用时需要特别注意两点。第一，只能用来形容好的事物，而不能用来形容坏的事物。第二，用来形容好的事物，一定是好到了极致，不到极致就不能说叹为观止。

如果再深入讲一讲，可以怎么办呢？可以追溯一下该词的词源。

春秋吴国的季札在鲁国观看各种乐舞，看到舜的乐舞，十分赞美，说看到这里就够了，再有别的乐舞也不必看了。（原文："德至矣哉，大矣！如天之无不帱也，如地之无不载也。虽甚盛德，其蔑以加于此矣，观止矣。若有他乐，吾不敢请已。"见于《左传·襄公二十九年》。）

如果再扩展开来讲一讲，可以怎么办呢？可以考虑扩展以下内容。

子谓《韶》："尽美矣，又尽善也。"谓《武》："尽美矣，未尽善也。"——《论语·八佾篇第三》

这里的韶乐，也是就季札所看到的舜的乐舞，因为尽善尽美，所以可以形容为叹为观止。而武乐，因为"尽美矣，未尽善也"，如果用"叹为观止"来形容它就不大合适。

子在齐闻《韶》，三月不知肉味，曰："不图为乐之至于斯也。"——《论语·述而篇第七》

这里的韶乐，因为"不图为乐之至于斯也"，所以也堪称"叹为观止"。

"叹为观止"这个词被《咬文嚼字》杂志选入 2020 年度"十大语文差错"之一。

这样讲完了之后，我相信学生再遇到"叹为观止"时，一定不会用错了。但是，问题来了，一个小小的"叹为观止"就可以展开来讲这么多，汉语词汇成千上万，仅仅依靠老师来讲，每周有限的几节语文课，能穷尽吗？

当然不能。即使一周七天，每天八节都上语文课，也不可能穷尽。要解决这个问题，最终还得依靠学生自主进行大量的高质量阅读才行。

试想，如果学生在无数个正确的语境中看到了"叹为观止"这个词，在阅读过程中，自然而然就知道"叹为观止"该如何正确使用，就不必等老师翻来覆去掰开揉碎强调了。

语境无处不在，语境千变万化，只有养成了日常大量阅读的习惯，养成了"咬文嚼字"的习惯，才能形成良好的语感，而良好的语感，对语文学习来说，又关乎最根本的能力问题。

下面，讲一件和语感有关的小事。

五四青年节那天，和朋友聚会。聚餐结束，开车去奥森游逛，我让朋友开车在前面走，我在后面跟着他们。

我儿子在车上，他说："爸爸，我们跟踪他们的车。"听了他的话，我没吱声。过了一小会儿，他又对我说："爸爸，我觉得用跟踪不对，应该用跟随。"我问他为什么，他说："跟踪是他们不知道，我们也尽量不要让他们发现，才用跟踪，而现在是他们知道我们跟着，我们也不用躲着，所以用跟随比较好。"听了他的这个判断我很开心。

我问他从哪里知道的"跟踪"和"跟随"的差别，他说不清楚从哪里知道的。可能是读各种武侠小说，也可能是读科普作品，抑或读什么报纸杂志。不过，这都不重要，重要的是大量阅读。因为大量阅读，会在非常具体的千变万化的语境中无数次接触到同一个词语，从而在不经意之中掌握这个词语的正确用法。

讲到这里，可能有性急的朋友要发问了，掌握这两个词的差别对考试有什么用呢？

虽然"跟踪"和"跟随"不一定在考试中出现，但是近义词辨析则是语文考试中最常见的题型。这类问题固然有一些解题的思路和方法，比如，关注不同语素之间的差异。但是，只有这些所谓的思路和方法，如果没有日常大量阅读养成的良好语感支撑，依然可能在面对具体词语时游移不定。

即使不考近义词辨析，就拿写作文来说，也经常会遇到类似问题。写作文需要审题，审题需要对题目中的关键词有准确清晰的理解和把握，要不然就会差之毫厘，谬以千里。

比如这样两个作文题："我敬佩的一个人"和"我崇拜的一个人"。虽然在工具书中，"敬佩"的意思是"敬重佩服"，"崇拜"的意思是"尊敬钦佩"，而"钦佩"的意思又是"敬重佩服"，这样看起来"敬佩"和"崇拜"的意思差不多，但实际上只知道字典义远远不够，还要有大量阅读支撑，才能准确把握两个词的语境义的差别。"崇拜"从分量上来说一定远高于"敬佩"。因此，即使是同一个人写这两个题目，作文主人公和具体事件也必然要有很大差异，而不能随意替换。

从具体的作文实践看，很多同学"敬佩"和"崇拜"分不清，所以在选定主人公以及作文素材时，经常会出现很大偏差。能分得清的同学，大多阅读水平很高，他们在无数的具体语境中潜移默化地感受到了两个词的差异。

可见，通过大量的高质量阅读养成良好语感对语文学习极其重要，甚至可以说，有了良好的语感，就足以碾压考试。用语感碾压考试，它不香吗？可为什么仍然有很多人宁愿去补课，去刷题，去寻找各种解题套路，而不愿意踏踏实实多读书培养语感呢？

原因很简单，语感培养是一个缓慢的过程，不能立竿见影，所以相当一部分学生宁愿刷题，也不愿意扎扎实实阅读。宁愿学习各种套路，也不愿意日积月累培养语感。而更可悲的是，这样一些做法，在急功近利的今天，得到了相当一部分家长甚至老师的支持，非但支持，而且火上浇油。

殊不知，这样的做法看似立竿见影，实则饮鸩止渴。在学习套路的同时，其实自己也被套路了。

为什么有些套路听起来很美妙，平时用起来好像也很好用，但到了考试就不灵了呢？

因为平时给学生讲套路的那些人，讲完套路之后，都是选择若干和这个套路完全相吻合的问题让学生加强练习，学生用起这个套路来当然觉得得心应手。但考试时，没法主动提前筛选题目，只能兵来将挡，水来土掩，这时就不一定适合用这个套路了。

近年来，语文考试从以知识为导向转为以能力为导向，任何的所谓解题套路，都可能被反套路。只是知其然，而不知其所以然，最终很可能是自己被套路束缚住掉到坑里去了，甚至是不但自己挖坑，而且还自己把自己埋了。

金庸小说《神雕侠侣》中剑魔独孤求败讲究"重剑无锋，大巧不工"，追求"无剑胜有剑"，虽然是虚构的武侠小说，但其中的哲学思想值得我们汲取。语文学习也应作如是观，用所谓解题套路代替真正的阅读，那只能是绣花枕头——草包一个，驴粪蛋子——表面光，要想真正从根本上解决问题，还是要多读书，培养良好的语感。

有了良好的语感，应对语文考试中的诸多问题，甚至都不需要任何方法，就足以轻松应对，简直是小菜一碟。

当然，这其中存在一个悖论。一方面会有些人误以为强调培养语感的老师没本事，不会讲套路，所以才强调培养语感，才谈那些听起来似乎虚无缥缈的大道理。另一方面，这些人不按照老师的引导扎扎实实多做高质量阅读获得良好语感，语文学得烂，又由此反过来质疑老师的指导不管用，坐实了老师没本事。这就让强调多阅读，培养语感的老师陷入猪八戒照镜子的尴尬境地。

清者自清，浊者自浊。无论如何，语文学习都要走正道，不要走歪门邪道。人间正道是沧桑，正道固然难走，但是走正道必然是越走路越宽，走歪门邪道则一定是越走路越窄。

对联试题的应对策略

近年来，继承和弘扬优秀传统文化，成为语文考试命题中的基本指导原则之一。要落实这一原则，就要有一个合适的载体。虽然传统文化浩如烟海，但并不是随便捡来一个就能放到考卷中，要考虑文字篇幅的问题，要考虑语文知识和技能的问题，还要考虑学生能力水平的问题，等等。对联作为传统文化之一，篇幅短小，包含很多语文知识和技能，并且容易根据学生的水平调整难易度，所以成为近年来语文试卷中的常客。

我们不妨以北京市中考真题为例，先微观，从具体试题出发，谈每一个问题解决的关节点；然后再宏观，从整体出发，做一点儿总结，谈谈对联题的基本应对之道。

4.岳阳楼是江南三大名楼之一。范仲淹的《岳阳楼记》使其著称于世。下面是关于岳阳楼的一副对联，在横线处依次填入词语，将这副对联补充完整，正确的一项是（2分）

去老范一千年，后＿＿＿＿先＿＿＿＿，几辈能担天下事；

揽＿＿＿＿＿＿＿＿＿＿，南来北往，孤帆曾系画中人。

A.悲　喜　八百里大湖

B.乐　忧　大湖八百里

C. 喜　悲　大湖八百里

D. 忧　乐　八百里大湖

（北京市 2014 年中考第 4 题）

【简析】

从对联形式要求来说，第一、第二两个空填"悲""喜"或"忧""乐"都可以接受，甚至先后顺序也可以颠倒。但是，因为这是一副关于岳阳楼的对联，和范仲淹的《岳阳楼记》密切相关，所以务必要知道"先天下之忧而忧，后天下之乐而乐"这样的名句。这样，只能填写后"乐"先"忧"。

当然，在《岳阳楼记》中也有"予尝求古仁人之心，或异二者之为，不以物喜，不以己悲"这样的语句，不过这里的"喜"和"悲"不牵扯到先后的问题。

第三个空之所以必须要填"大湖八百里"，而不是常规的顺序"八百里大湖"，是因为有上联的"去老范一千年"这样的语句从形式上限定着，需要做到词性相对，所以，必须是"揽大湖八百里"。

稍微补充一句，这副对联中的"几辈能担天下事"与"孤帆曾系画中人"，颇为令人感慨，很有"滚滚长江东逝水，浪花淘尽英雄"的味道。

4. 恰当地嵌入书名、地名、人名是写对联的技巧之一。孙伏园悼念鲁迅先生的挽联，就巧妙地嵌入了鲁迅先生的作品名称和主编的刊物名称，意中有意，感人至深。在下面对联的横线处，依次填写作品名称或刊物名称，与原联相符的一项是（2 分）

踏 ____，刈野草，热风奔流，一生 ____；

痛 ____，叹而已，十月霭耗，万众 ____。

A. 毁灭　彷徨　莽原　呐喊

B. 莽原　呐喊　毁灭　彷徨

C. 莽原　彷徨　毁灭　呐喊

D. 毁灭　呐喊　莽原　彷徨

提示：《呐喊》《彷徨》《野草》《而已集》《热风》《十月》《毁灭》是鲁迅先

生的作品（含译作），《莽原》《奔流》是鲁迅先生主编的刊物。

（北京市 2015 年中考第 4 题）

【简析】

该题涉及鲁迅的若干作品名称，但学生不一定熟悉。所以，在题干上有了"恰当地嵌入书名、地名、人名是对联的写作技巧之一……"的铺垫，在后面还有关于鲁迅相关作品的补充注释。

从内容上要看懂，上联主要概括鲁迅先生的一生，下联主要写鲁迅逝世的影响。并不涉及词性相对的考查。

"莽原"一词原意是指草生长的繁茂。对该词原意把握准确，就容易和"踏"联系在一起，并且和后面的刘野草联系上，而"一生呐喊"，正精准概括了鲁迅的一生是在用笔战斗，用文艺唤醒国民。

"毁灭"，与"痛"连在一起，写出了民众对鲁迅逝世强烈的哀痛之情，"万众彷徨"则写出了因为鲁迅逝世，人民失去了文化旗手，思想灯塔之后的那种无依无靠的心理状态。

3. 下面适合春节张贴的上联和下联分别是（2 分）。

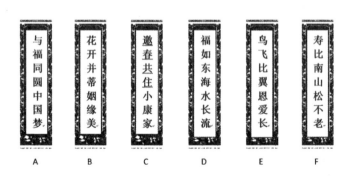

（北京市 2016 年中考第 3 题）

【简析】

该题有两个限定，一个限定是"适合春节张贴"，另外一个限定是要分清"上下联"。

满足第一个限定就要排除掉 B、E，"花开并蒂姻缘美，鸟飞比翼恩爱长"，这是适合婚礼的对联。也要排除掉 F、D，"寿比南山松不老，福如东海水长流"，这是适合祝寿的对联。

这一步，绝大多数同学都没问题。问题出在第二个限定上。"邀春共住小康家"和"与福同圆中国梦"，哪一个是上联，哪一个是下联。"梦"是仄声，"家"是平声，按照对联最末一个字"仄起平收"的原则，上联应该是"中国梦"，下联应该是"小康家"。

但是，从内容上来看，如果把"中国梦"放在前面，"小康家"放在后面，就有一些头重脚轻之感。所以，相当一部分考生从内容出发认定"小康家"是上联，"中国梦"是下联。

当对联的内容和形式出现冲突时，先满足形式的"仄起平收"的要求，再考虑内容上避免头重脚轻的问题。

当然，一副好的对联，应该是内容和形式的完美结合。实事求是地讲，这副对联从内容到形式，质量都不高。

2. 名人故居是北京的历史文化名片。参观这些故居，是了解历史、感悟文化、汲取精神营养的重要途径。请你根据要求，完成（1）—（4）题。（共 10 分）

（3）下面是参观郭沫若故居后，一位同学写的参观记录和他未完成的一副对联。请你根据他的参观记录，在对联横线处填写词语，将这副对联补充完整。（2 分）

【参观记录】

时间：2017 年 4 月 13 日

地点：郭沫若故居

郭沫若，四川乐山人。

我国伟大的文学家。《女神》是他的第一本诗集，出版于 1921 年 8 月。《女神》开一代新诗风，是中国现代自由诗的代表作。他还是一位史学大家，潜心研究甲骨文。他创作的《屈原》是历史剧的先锋之作。

【对联】

上联：诗坛领袖，①新诗风，《女神》为自由诗典范

下联：话剧大家，改编老故事，《②》乃历史剧先锋

[北京市 2017 年中考第 2—（3）题]

【简析】

该题改变了前几年的选择题的形式，改用填空方式。但所给的提示足够充足，限定也非常清楚，所以难度很小。

其中第二个空填"屈原"，"《屈原》乃历史剧先锋"在题干提示中非常明确，"他创作的《屈原》是历史剧的先锋之作"。所以，这是送分的一个空。

第一个空，因为下联中"老故事"之前是"改编"，根据对联词性相对的要求，"新诗风"之前也应该是一个动词。题干提示中有《女神》开一代新诗风"的提示，所以，实际上只要围绕着"开"，组成一个动词就可以了。

参考答案所给的是"开创"，学生回答成"开辟"，或者是"开始""开拓"，甚至是与之意义相近的"创立""创建"等也可以得分。也就是说在具体到对联除了最末一个字的平仄相对之外，其他部分在平仄对应上，从考试来说，并没有更严格的要求。

学校开展"丝绸之路"历史文化主题学习活动，请你完成下列任务。

6. 学校微信公众号负责人准备做一期与本次活动相关的推送，向同学们征集图文资料。

阅读同学们的来稿，完成（1）—（3）题。（共6分）

（3）下面是一位同学写的一副对联，他不能确定横线处应填入的词语。你认为在上下联横线处填入词语，最恰当的一项是（   ）。（2分）

驼铃①，古道徐行，一路丝绸连②；

波涛③，汪洋横渡，千年文明耀④。

A.①滚滚②欧亚③悠悠④乾坤

B.①滚滚②乾坤③悠悠④欧亚

C.①悠悠②欧亚③滚滚④乾坤

D.①悠悠②乾坤③滚滚④欧亚

[北京市 2019 年中考第 6—（3）题]

【简析】

该题隶属于一个大的主题活动题中的一部分。前面的相关材料我没有完全摘录。但即使就这个对联提供的信息本身，已经足够完成该题。

首先是描述"驼铃"和"波涛"各用什么样的词语，显然应该是"驼铃悠悠""波涛滚滚"，而不能颠倒过来："驼铃滚滚""波涛悠悠"。其次是"一路丝绸连"的是"欧亚"还是"乾坤"，丝绸之路连通欧亚大陆，而不可能连通乾坤（天地）。"千年文明耀"的宾语可以是乾坤（天地）。

这副对联从内容上来说，上联偏于写实，具体描写丝绸之路，而下联偏于写虚，谈丝绸之路开通的意义。下联的分量要比上联更重，没有头重脚轻的毛病。

北京市从 2014 年中考开始命制对联题，近六年中，只有 2018 年没有直接考到。可见对联题是中考语文中的一个常见题型，需要有所准备。

那么，应对中考对联题应该注意哪些基本事项呢？

主要需注意两个方面，一个是形式，一个是内容。

先说形式：

1.字数相等。（这是最基本的要求，初中生基本上不会有任何问题。）

2.词性相对。（如果是选择题，可能相对要求严格一些，如果是填空题，则要求宽松一些。）

3.仄起平收。（对联末尾字有明确的平仄要求，但对中间的平仄要求没有那么严格。除了注意用这个区分上下联之外，还应该注意在实际应用中对联的张贴应该是上联在右侧，下联在左侧。）

再说内容：

1.注意避免头重脚轻。（这个更多是命题时候应该注意的问题。如果要考生选择上下联，那么必须在满足"仄起平收"这个条件基础上，再考虑内容问题。)

2.注意基本文化常识。(这些基本文化常识大多属于中小学课本中就会涉及的,如果没有涉及的,题干中会有提示。)

对中考的对联题,是不是要在弄清这些基本注意事项的基础上多刷题呢?个人的意见是没有任何必要,与其多刷题,尤其是刷那些烂题,不如扎扎实实地多背诵一点儿古今名联,如果肚子里储备了几十乃至上百副古今名联,那么应对中考的对联题,简直是小菜一碟。

比如,看看下面这样一副对联,无论是形式上,还是内容上,都要比中考对联题高不止一个两个层次。

读三苏、诵三曹、研三袁、探三玄,志求三乐;
温四史、展四库、惜四孟、度四美,心羡四君。

当然,对联题除了直接考查对联之外,也有其他一些变化的形式,比如,北京市的2006年和2009年的试题,就做过这样的尝试。以下只展示问题,不再对解题思路进行分析。

根据下面文字的内容和表达的需要,在横线处补全标题,最恰当的是(　　)
万里长江横巨坝,＿＿＿＿＿＿＿。

2006年5月20日14时,随着最后一方混凝土入仓,三峡大坝浇筑到顶。毛泽东主席"更立西江石壁,截断巫山云雨,高峡出平湖"的伟大畅想变为现实。大坝建成后,防洪标准可以从十年一遇提高到百年一遇,千年一遇的洪水可以得到有效控制,发电和航运等综合效益也将得到全面发挥。

A.锦绣大地笑颜开

B.银龙卧波美如画

C.万吨巨轮通四海

D.千秋伟业耀神州

(北京市2006年中考第6题,参考答案:D)

8. 在宣传周里，学生会宣传部长准备在校园宣传栏内写一条宣传语。他根据下面的材料写出了宣传语的前一句，请你续写后一句。（2分）

要求：与前一句语意相关、句式一致、字数相等。

【材料】

上海世博会期间，中国将在世博园区展演具有民族特色的地方戏曲，同时展出500多种国家级的非物质文化遗产；其他参展国也将在世博园区组织具有本国民族特色的主题演出和民间艺术展示活动。世博园区将成为世界各民族文化百花竞放的舞台。全球不同种族、不同肤色、不同信仰的人们将欢聚在一起，在文化交流中增进友谊。

宣传语：展示不同民族文化

————————————————

（北京市2009年中考第8题，参考答案：增进各国人民友谊）

古诗文的考与学：遵从基本规律

追溯一下北京市近十年的中考，古诗文阅读题分值呈现一个比较明显的上升趋势，在 2018 年之前，连背诵默写，带文言阅读，总分值都保持在 15 分以内。2018 年之后，因为增加了诗歌鉴赏，一下子分值就增加到 18~19 分了，不仅如此，有时，传统上的基础运用或者现代文阅读等部分，也会牵涉文言诗文内容的考查。

同时，务必又要注意到总分值的变化，2018 年之前试卷满分是 120 分，到 2018 年之后，试卷满分是 100 分，总分值下降了 20 分。但是，文言诗文阅读的分值增加了 4~5 分，这一降一增，意味着文言诗文在试卷中所占的比例大幅增加了。

实际上，随着近年来继承和弘扬优秀传统文化的重视程度不断调高，从教材到考试，文言诗文所占比例都在增加，未来还会有进一步增加的趋势。所以，认真琢磨一下古诗文到底如何学、如何考，是个大问题。如果方向不正确，那么，越努力就距离正确的目的地越远。

下面以 2020 年北京市中考语文古诗文阅读题为例，回顾一下过去，展望一下未来。谈谈我对古诗文学习的一点儿看法，重申一些基本常识。

【原题】

二、古诗文阅读（共17分）

（一）默写。（共4分）

6.其必曰"_____，后天下之乐而乐"乎！（范仲淹《岳阳楼记》）（1分）

7._____，阴阳割昏晓。（杜甫《望岳》）（1分）

8.座右铭是用来激励、警醒自己的格言。如果用两句古诗作为你的座右铭，你选用的诗句是" ① ， ② "（本试卷中出现的诗句除外。每句诗中允许有一个不会写的字用拼音替代）（2分）

【评价】

第6、第7题是常规操作，通过"硬默"的方式考查文言诗文，尤其是文言诗文中的名句。但是因为考试中的评价方式通常是每空1分，有错别字不得分，而且，考查范围又相对来说比较明确，所以，老师在指导学生备考的过程中，就会花大量时间，要求学生反复默写，直到全班所有同学全都完全正确为止。因为这是在复习中最有抓手，也最见效果的一件事。

但是，只看到最终的效果（产出）远远不够，还要看看投入产出比的问题。实际上，为了考试中拿到这背诵默写的几分，学生花费了大量的时间，机械反复抄写直到确保无误，不仅仅宝贵的时间没有完全用在刀刃上，更大的问题是严重挫伤了学生学习文言诗文的积极性，甚至让相当一部分学生误认为学习文言诗文就是"死记硬背"。

如果要对这个问题做出调整，意味着可以考，但是要放开范围，扩大范围，让学生多掌握一些、多背诵一些文言诗文，但是，又不要在错别字的问题上过度较劲儿，要允许每一句中有一个错别字或者用拼音替代。学习文言诗文的经验告诉我们，那些容易出错的字词，常常是理解中出了问题，而要想深入理解，需要有相当的数量作为基础，在互相比较的过程中，才能更好地纠错。

第8题从课内延伸到课外，或者更准确地说是课内外结合，这个步子在这几年就已经迈出去了。这个发展趋势务必要注意，考查范围不仅仅局限在课内的有限的几首（篇）古诗文，而且会延伸拓展到课外，关注学生的日常积累。

与往年相比，2020年的步子迈得更大一些。往年的限定范围相对更为明确，比如：

在我国大西北，有历史名城，有塞外边关，有异域文化，有大漠风光……许多流传千古的诗句都与它们相关。其中，你读过的两句诗是"＿＿＿，＿＿＿"。（每句诗中允许有一个不会写的字用拼音替代）（2分）（北京市2017年中考题）

在北海公园里游览，当你看到具有中国传统建筑风格的五龙亭，你能联想到的带有"亭"（或"楼""阁"）字的一句古诗是"＿＿＿"。（允许有一个不会写的字用拼音替代）（1分）（北京市2019年中考题）

而2020年这个关于座右铭的考查，范围就更为广泛，明确限定本试卷中出现的诗句除外。该命题有两点值得讨论。

第一是明确解释了座右铭是什么，这让学生不至于在"座右铭"这个词上纠结，又在一定程度上有一个"正向"的引导。比如，如果写"宁可我负天下人，不可天下人负我"，这样的句子恐怕就不合适。

第二是题目的限定值得商榷，是不是非要限定为古诗，其实我个人以为大可不必。把范围放开，不仅仅是古诗（诗词曲）可以，古文（散文、骈文）也都可以，不过就是看一个学生的日常积累情况而已。这个题可以不作为起强烈区分作用的试题，只是达到引导学生注意日常多积累的目的就已经足够好了。所以，写了"知之者不如好之者，好之者不如乐之者""三人行，必有我师焉"一类，也应该给分，没有必要在到底是古诗，还是古文的区分上挖坑。没有谁规定座右铭只能是古诗，而不能是古文吧。

子曰："诵诗三百，授之以政，不达，虽多，亦奚以为？"学诗是要用的，而不单纯是为了考试的，要跳出学诗就是死记硬背，学诗歌就是为了应付考试的背诵默写的错误认知。

还要关注到北京市这一类试题，在三四年之前，就有"某一个不会的字可以用拼音替代"的要求。这符合文言诗文学习规律的要求，不应该课内外区别对待，应该课内外一视同仁。要先重视"量"的积累问题，然后才关注"质"的问题，只在极为有限的"量"的范围内考查所谓"质"，完全不靠谱。

【原题】

（二）阅读《己亥杂诗（其五）》，完成9—10题。（共5分）

己亥杂诗（其五）

龚自珍

浩荡离愁白日斜，吟鞭东指即天涯。

落红不是无情物，化作春泥更护花。

9.近代学者王国维在《人间词话》中说"一切景语皆情语"。这首诗的前两句，诗人写到了　①　的自然之景，抒发了　②　之情。（2分）

10.孟浩然《春晓》中"夜来风雨声，花落知多少"，与本诗"落红不是无情物，化作春泥更护花"都写到了落花。请简要说明两位诗人分别借"落花"表达了怎样的情感。（3分）

【评价】

古诗鉴赏，在北京市中考试题中，是近年才考查到的题型。最初的考查，偏重于对诗文基本意思、主旨情感的理解等，而且，也有明确规定的诗歌范围。在最初的考查中，为了老师和学生适应新题型，这样做完全没有任何问题。

但是，如果一成不变地沿着这个道路走下去，会出现什么情形呢？既然有明确的范围，既然有明确的考查重点，那么，就很可能变成了套路了。通过大量的练习，甚至是穷尽的方式让学生掌握这些古诗，本应该是鉴赏的东西，变成了记忆，这有悖于考查的初衷。其实也为命题人自己挖了一个坑，因为总有一天，命题中会避无可避，不管怎么出题，学生都已经练过了。

所以，对2020年的这个古诗鉴赏中的命题变化，作为一线老师我是非常赞赏的。虽然在一定程度上，看似是给一线老师指导学生备考增添了麻烦，但是达到了用考试的指挥棒推动教学改革的目的，诗歌学习不能陷入应试的套路之中。

情景交融，是中国古典诗歌中的重要特点。区分哪些是写景，哪些是抒情，写景和抒情如何紧密结合，这是鉴赏诗歌的最基本能力，所以，第9题在命题上看似出人意料，实际上却应该在意料之中。

读诗歌，要把握意象，对一些意象，会有一些常规的情感理解与把握。比如，月亮常常和思乡有关。但是，又要注意，并不是只要写到月亮，就一定在说思乡。退一步讲，月亮和思乡有关，也是建立在大量阅读诗文之后，总结出来的一个规律之上。这不应该成为一个死记硬背的结论，而应该要带领学生通过大量阅读与"月"有关的诗歌，来体会这一规律是如何总结出来的。

今年的第10题，命题中关注"落花"这一意象，不出现"意象"这个抽象的概念，却通过试题引导学生把握意象与情感的关系。其中《己亥杂诗》是初中课内所学，《春晓》是小学课内所学，通过对"落花"在两首诗中所表现的不同情感，引导学生对诗文深入理解，既不超纲，又匠心独运，应当为这个命题点赞。

顺着这个命题的思路，我们需要进一步思考接下来的古诗该如何学的问题，千万不要陷入应对考试为主的套路中去。从小学到初中毕业，哪怕只是课内的古诗，也有150首以上了。但实际上，大量学生不要说会背诵150首诗，就是50首也有困难；理解呢，就更是大问题。问题出在哪里？我们老师要重新反思诗歌教学，到底为什么而教，如何教；我们的学生，也要反思诗歌学习，到底为什么学，如何学。

子曰："小子何莫学夫诗？诗可以兴，可以观，可以群，可以怨。迩之事父，远之事君，多识于鸟兽草木之名。"今天，老师在教诗，学生在学诗的时候，要有意识好好琢磨一下孔夫子的这个"兴观群怨"说。

【原题】

（三）阅读《曹刿论战》，完成11—13题。（共8分）

曹刿论战

《左传》

十年春，齐师伐我。公将战，曹刿请见。其乡人曰："肉食者谋之，又何间焉？"刿曰："肉食者鄙，未能远谋。"乃入见。问："何以战？"公曰："衣食所安，弗敢专也，必以分人。"对曰："小惠未遍，民弗从也。"公曰："牺牲玉帛，弗敢加也，必以信。"对曰："小信未孚，神弗福也。"公曰："小大之狱，虽不能察，必以情。"对曰："【甲】忠之属也。可以一战。战则请从。"

公与之乘，战于长勺。公将鼓之。刿曰："未可。"齐人三鼓。刿曰："可矣。"齐师败绩。公将驰之。刿曰："未可。"下视其辙，登轼而望之，曰："可矣。"遂逐齐师。

既克，公问其故。对曰："夫战，勇气也。一鼓作气，再而衰，三而竭。彼竭我盈，故克之。夫大国，难测也，惧有伏焉。【乙】吾视其辙乱，望其旗靡，故逐之。"

11. 下列选项中加点字的意思都相同的一项是（　　）。（2分）

A. 曹刿请见　见多识广　见义勇为　各抒己见

B. 小信未孚　言而有信　杳无音信　信手拈来

C. 公与之乘　乘风破浪　乘虚而入　乘兴而来

D. 遂逐齐师　出师未捷　百万雄师　仁义之师

12. 翻译文中两处画线语句，并依据上下文对其做出进一步理解，全都正确的一项是（　　）。（2分）

【甲】忠之属也。可以一战。

　　翻译：（这）是尽职分之类的事情。可凭借（这个条件）打一仗。

　　理解：曹刿认为鲁庄公能够公正处理百姓的诉讼事件，与"小惠"和"小信"相比，更能赢得百姓的信任，具备了迎战的条件。

【乙】吾视其辙乱，望其旗靡，故逐之。

　　翻译：我发现他们的车印混乱，军旗也倒下了，所以才下令追击他们。

　　理解：曹刿能敏锐地观察战场形势的变化，他根据"辙乱""旗靡"判断齐师撤走了伏兵，认为可以追击敌人了。

13. "位卑未敢忘忧国"的意思是虽然身份低微，仍然不忘担忧国事。曹刿一介平民，在国家危难之际，挺身而出，为国解忧。阅读下面两则材料，简要说明"位卑未敢忘忧国"的精神在弦高和卜式身上是如何体现的。（4分）

材料一

秦穆公兴兵袭①郑，过周而东。郑贾人②弦高将西贩牛，道遇秦师于周、郑之间，乃矫③郑伯之命，犒④以十二牛，宾⑤秦师而却之⑥，以存郑国。

（取材于《淮南子·氾论训》）

材料二

时汉方事⑦匈奴，式⑧上书，愿输⑨家财半助边⑩。上使使问式："欲为官乎？"式曰："自小牧羊，不习仕宦，不愿也。"使者曰："子何欲？"式曰："天子诛匈奴，愚以为贤者宜死节，有财者宜输之，如此而匈奴可灭也。"

（取材于《汉书·公孙弘卜式兒宽传》）

注：①［袭］偷袭。②［贾人］商人，在当时社会地位不高。③［矫］假托。④［犒］犒劳。⑤［宾］以客礼对待。⑥［却之］使秦军撤退。⑦［事］这里指抵抗。⑧［式］卜式。人名。⑨［输］交纳。⑩［边］边防。

【评价】

通常，文言文考查，无非是字词句的理解，文意的把握，等等，这些在今年的试题中，属于有继承的部分，但是，这个继承，并不完全照搬，亦步亦趋，而是在继承的基础上有创新。需要特别注意这个创新，或者更准确地说，需要注意这个"创新"在文言阅读上的回归。

第11题是关于字词的考查，有原文中的重点字词，也有由此扩展开来的字词。需要特别注意，在这些扩展开来的字词的选择上，命题人很有想法。这些扩展的字词都包含在成语之中，实际上是在暗示成语中包含了很多文言信息，我们要善于发掘这些信息，把成语的学习和文言的学习结合起来。

其实，不只是把这两者结合起来，还应该把文言文和诗歌结合起来，把文言和白话结合起来。文言文和现代文不是两种语言，是一种语言，所以要打通了来学习，不能在无形中建立壁垒，条块分割。这对老师的教学提出了更高的要求，不是死揪着学生去背诵加点的字词，而是要能够融会贯通，信手拈来，在潜移默化中，引导学生形成正确高效的文言学习方法。

类似第12题形式的提供译文并进一步提供理解的考查，也在之前的北京市中考题中出现过。所以，并不算新题型。但是，这个题型，进一步提醒我们在文言学习中也要特别强化语境意识，而不只是会机械的双行对译，还要能够结合上下文准确理解文意。

这个理解既涉及关键词，又涉及前后的整体语境。比如，本题对【乙】句的正确理解，就必须要联系前一句"夫大国，难测也，惧有伏焉"，丢掉了这一句，单摆浮搁地理解【乙】句，就可能差之毫厘，谬以千里。

第13题的考查，相比于往年的试题，跨出的步子最大，不仅仅是一个课内外结合的问题，而且，还与传统上文言文阅读最后一个题考查重点放在一般的信息提取与归纳上不同，该题将重点放在了理解上，而且，不是对课内文章的理解，而是由课内迁移到课外的理解。

这种课内外的联系，可以有无数种可能。这就引导师生注意在文言学习时，要回归阅读本身。文言文阅读也是阅读，不能因为有一些课内的明确范围，在学习文言文过程中，就走形了，将文言阅读题变成了标准答案的记忆题。如果有了文言理解的能力，有了现代文阅读的能力，那么，这个文言文阅读的最后一个问题没有任何必要刻意准备，完全可以兵来将挡，水来土掩。

需要指出的一点是，这个文言命题中，我认为关于"曹刿作为一介平民"的说法，是有瑕疵的，不能因为"肉食者鄙"，就断定曹刿是平民。因为在"天子""诸侯""卿大夫"之后，还有不归为"肉食者"的"士"，然后才是庶人和奴隶。而曹刿准确说应该处在"士"这一个阶层上。虽然他和"弦高""卜式"等人，都是"位卑"者，但似乎不能归为"平民"。

把"怎么学""如何考"这些核心问题整明白，至关重要。不应完全以考来定学，也不应完全以学来定考。"考"和"学"都应该遵从最基本的规律，凡是违背了规律，都必然会受到惩罚。

现代文阅读：万变不离其宗

　　《老北京的小胡同》是北京市 2005 年中考语文的记叙文阅读题。这篇现代文阅读考题，在北京市中考语文试题中占有非常重要的位置。从 2006—2016 年，在北京市的中考《考试说明》中，这道阅读题作为试题样例十余次出现。

　　这篇阅读试题从选材上来说，突出了北京的地方特色，这是北京市历年中考语文试题有意强化的特点。从考查能力来说，所涵盖的考查能力点很广泛，既有对提取信息、归纳概括、推理分析等传统能力的考查，又有对评价鉴赏、探究推理等能力的考查，从命题技术来说，在"助答信息"和"必答信息"的设置上，灵活多样，能够很好地甄别学生的审题能力。

　　虽然是十余年前的试题，但其所涉及的能力点，可以说和现在所倡导的大热词语"语文核心素养"不谋而合，在"语言建构与运用""思维发展与提升""审美鉴赏与创造""文化传承与理解"等几个方面均有很好的体现，可以说是一篇不可多得的现代文阅读试题。

　　在北京市中考真题中，这篇阅读共有 5 道试题。最近我在琢磨这篇阅读题时，一时手痒，又在基本不改动原文的基础上，重新命制了 14 道试题，是原来试题数量的近三倍，而且可以说，每一道试题都其来有自，都可以结合历年的北京市中考语文试题说一说：这道题命题依据是什么（在《考试说明》或《课程标准》中有怎样的表述），从哪里来（命题参照了哪一年的哪一道试题），到哪里去（这样的试题在将来考试中还会有什么样的发展变化）。

如果老师在指导学生备考过程中，能够充分地利用经典的试题材料，带着学生做举一反三的训练，则完全没有必要一头扎进题海中去，既节约了时间和精力，又提高了效率，何乐而不为呢？

阅读《老北京的小胡同》，完成第15—19题。（15分）

老北京的小胡同

萧乾

（1）我是在北京的小胡同里出生并长大的。由于我那个从未见过面的爸爸在世时管开关东直门，所以东北城角就成了我早年的世界。四十年代我在海外漂泊时，每当思乡，我想的就是北京的那个角落。我认识世界就是从那里开始的。

（2）还是位老姑姑告诉我说，我是在羊管（或羊倌）胡同出生的。七十年代读了美国黑人写的那本《根》，我也去寻过一次根。大约3岁上我就搬走了，但印象中我们家好像是坐西朝东，门前有一排垂杨柳。当然，样子全变了。九十年代一位摄影记者非要拍我念过中学的崇实学校（今北京二十一中），顺便把我拉到羊管胡同，在那牌子下面又拍了一张。

（3）其实，我开始懂事是在褡裢坑。10岁上，我母亲死在菊儿胡同。我曾在小说《落日》中描写过她的死，又在《俘虏》中写过菊儿胡同旁边的大院——那是我的仲夏夜之梦。

（4）母亲去世后，我寄养在堂兄家里。当时我半工半读：织地毯和送羊奶，短不了走街串巷。高中差半年毕业（1927年冬），因"学运"被变相开除，远走广东潮汕。1929年虽然又回到北平上大学，但那时过的是校园生活了。我这辈子只有头17年是真正生活在北京的小胡同里。那以后，我就走南闯北了。可是不论我走到哪里，在梦境里，我的灵魂总在那几条小胡同里转悠。

（5）啊，胡同里从早到晚是一曲动人的交响乐。大清早就是一阵接一阵的叫卖声。挑子两头是"芹菜辣青椒，韭菜黄瓜"，碧绿的叶子上还滴着水珠。过一会儿，卖"江米小枣年糕"的车子推过来了。然后是叮叮当当的"锅①盆锔碗的"。最动人心弦的是街头理发师手里那把铁玩意儿，嗞啦一声就把空气荡出漾漾花纹。

（6）北京的叫卖声最富____。春天是"蛤蟆骨朵儿大甜螺蛳"，夏天是莲蓬和凉粉儿，秋天的炒栗子炒得香喷喷黏糊糊的，冬天"烤白薯真热火"。

（7）我最喜欢听晚的叫卖声。夜晚叫卖的特点是徐缓、拖尾，而且当中必有段间歇——有时还挺长，像"硬面——饽饽"，中间好像还有休止符。比较干脆的是卖熏鱼的或者"算灵卦"的。

（8）另外是夜行人：有戏迷，也有醉鬼，尖声唱着"一马离了"或"苏三离了洪洞县"。这么唱也不知是为了满足一下无处发挥的表演欲呢，还是走黑道发怵，在给自己壮胆。

（9）那时我是个穷孩子，可穷孩子也有买得起的玩具。两几个钱就能买支转个不停的小风车。去隆福寺买几个模子，黄土和起泥，就刻起泥饽饽。春天，大院的天空就成了风筝的世界。阔孩子放沙雁②，穷孩子也能用秫秸③糊个屁股帘儿。反正也能飞起，衬着蓝色的天空，大摇大摆。小心坎儿可乐了，好像自己也上了天。

（10）夏天，我还常钻到东直门的芦苇塘里去捉蛤蟆，要么就在坟堆旁边逮蛐蛐——还有油葫芦。蛐蛐会咬架，油葫芦个头大，但不咬。它叫起来可优雅啦。当然，金钟更好听，却难得能抓到一只。这些，我都是养在泥罐子里，每天给一两颗毛豆、一点水就成了。

（11）北京还有一种死胡同，有点像上海的弄堂。可是弄堂里见不到阳光。北京胡同里的平房，多么破，也不缺乏阳光。

（12）胡同可以说是一种中古民用建筑。我在伦敦和慕尼黑的古城都见到过类似的胡同。伦敦英格兰银行旁边就有一条窄窄的"针鼻巷"，很像北京的胡同。他们____加固，可真舍不得拆。新加坡的城市现代化就搞猛了。四十年代我两次过狮城，很有东方味道。八十年代再去，认不得了。幸而他们还保留了一条"牛车水"。我每次去新加坡必去那里吃碗排骨茶，边吃边想着老北京的豆浆油炸果。

（13）但愿北京能少拆几条、多留几条胡同。

1993 年 10 月 6 日

（选自《萧乾散文》，有删改）

---

①［锔（jū）］用锔子连合破裂的陶瓷器等。

②［沙雁］做工精细的风筝。下文中的"屁股帘儿"是一种自制的简易风筝。

③［秫秸（shújiē）］去掉穗的高粱秆。

以下是中考真题中的 5 个问题。

1. 从第（4）段中找出与第（1）段画线句子意思相近的一句话，抄写在下面的横线上。（2分）

2. 从作者对胡同"交响乐"的描述中，你体会到老北京的小胡同生活有哪些特点？（2分）

3. 阅读第（9）、第（10）段，用一句话概括这两段的内容。（2分）

4. 结合上下文，品味第（9）段中"大摇大摆"一词，说说这个词都写出了什么。（3分）

5. 这篇文章寄寓了作者丰富的思想感情，就你感触最深的一点，结合文章谈谈你的理解。（字数在 100 字以内）（6分）

以下是我自己命制的 14 道试题。

第一类：和阅读结合，抓住典型，明确思路，关注变化，认清本质。

1. 本文写的是老北京的小胡同，简要说出全文围绕"胡同"行文的思路。（每空须有"胡同"二字）（3分）

2. 结合全文，说说第（4）段斜体句子的作用。（3分）

3. 结合上下文，品味第（12）段中"幸而"一词，说说这个词的意义和作用。（3分）

4. 阅读第（5）—（8）段，说说作者是如何把胡同的交响乐写得层次分明、

177

生动精彩的；这三段表现了作者怎样的思想感情。（字数在150字以内）（6分）

5. 请以具体年份为序简要概述作者在老北京小胡同中生活经历了哪些重要事件。（4分）

6. 这篇文章的语言表达有值得欣赏的地方，也有可以讨论的地方。请你从作者对老北京小胡同生活的具体描述中，找出一处（字、词、句皆可）值得讨论的地方，写出你的讨论题，并尝试着对你提出的讨论题予以解答。（4分）

讨论题来自：_____

你的讨论题：_____

你的解答：_____

7. 在你看来，这篇散文的主题是什么？根据你对散文主题的认识提出一个问题，并简要说明理由。（5分）

散文主题：_____

你的问题：_____

你的理由：_____

8. 在第（6）段的横线处填入一个短语，最恰当的一项是（　　）。（2分）

A. 季节性　B. 时间性

C. 生动性　D. 多样性

9. 读了这篇文章，你会有怎样的思考？请结合现实生活作简要说明。（4分）

你的思考：_____

你的说明：_____

第二类：和写作结合，阅读为写作提供素材，阅读为写作提供技巧，阅读为写作提供认识。

10. 有位外地朋友来北京，想通过走访北京特色景点体会北京的历史文化。请你写一段话，向他推荐一处北京的具有北京历史文化特色的景点（如北京的著名胡同、中轴线上的皇家建筑群、奥运场馆）。

11. 在《老北京小胡同》中，作者用深挚的情感，细腻的笔调写出了他对老北京小胡同的热爱和眷恋之情。作为新时代的北京人，你对北京的什么事物也充满热爱之情呢？请你以"我最爱北京的＿＿＿＿＿＿＿＿"为题，写一篇文章。

要求：

（1）补全题目，将作文题目抄写在答题卡上。

（2）不限文体（诗歌除外）。

（3）字数在600—800字之间。

（4）不要出现所在学校的校名或师生姓名。

第三类：和基础运用结合，在实际语言运用中处理语文的基础问题，不要也不可能单摆浮搁地抽离语境解决语文问题。

12. 文中加点字的注音全都正确的一项是（　　）。（2分）

A. 发怵（shù）　逮蛐蛐（dǎi）

B. 发怵（chù）　逮蛐蛐（dǎi）

C. 发怵（chù）　逮蛐蛐（dēi）

D. 发怵（shù）　逮蛐蛐（dēi）

13. 对下面两句话中加点词语判断正确的一项是（　　）。（2分）

（1）甲：他走黑道发怵。

　　　乙：他入了黑道了。

（2）甲：新加坡的狮城很有东方味道。

　　　乙：老北京的豆浆油炸果味道很好。

A.（1）中甲乙两句中加点词意思相同。

　　（2）中甲乙两句加点词意思不同。

B.（1）中甲乙两句中加点词意思不同。

　　（2）中甲乙两句加点词意思相同。

C.（1）（2）中甲乙两句加点词意思均相同。

D.（1）（2）中甲乙两句加点词意思均不同。

14. 结合文中的具体语境，分别选择恰当的词语填写到句子的横线处。（2分）

（也可以增加难度，不仅仅要选择，还要说明理由）

【甲】可是不论我走到哪里，在梦境里，我的灵魂总在那几条小胡同里_____（转悠　晃悠）。

【乙】他们_____加固，可真舍不得拆。（舍得　愿意）

此外，我一直在思考：语文阅读在考什么？该怎么读？

少刷题，多阅读，是我作为语文老师一直反复强调的观点。为此，我也写了很多文章，从不同角度阐述这个道理。每一次总会有人发问，既然阅读如此重要，那到底该如何阅读呢？

凡是提出此类问题的朋友，其背后必然隐藏着一个功利性的目的，那就是"语文考试中如何在阅读上拿高分"。

换到另外一个向度，如果不抱着这样的功利心，只是单纯把阅读当成一种乐趣，这些人往往会在阅读过程中知道如何愉悦自己，一般不会太在乎，也不会去追问怎么读的问题。

当然，做这样的对比，并不是说阅读中有功利心就不好，这是现实，必须去面对。

说到考试阅读，相当一部分学生因为采用大量刷题的办法来应对，结果他们落下了一个毛病，那就是如果文章后面没有一个又一个考题等着解答，就不知道该怎么读这篇文章，就不知道能从或者该从这篇文章中收获什么。

如果落下这样的毛病，至少会遭遇以下两个麻烦：

1.考试阅读，只是漫长人生中要面对的一个相对而言很短的特定阶段而已。从小学到大学，无非也就是十几二十年，离开这个阶段，如果没有问题在文章后面跟着，就不知道该读什么，如何读，那该如何是好？损失之大不可想象。

2.考试阅读，本质上是请君入瓮，只是让你去解决指定的若干问题。而这些问题，并不一定涵盖这篇文章最重要最核心的问题，更不可能涵盖文章的全部问题。只是为了解决这些问题而阅读，常常可能是重复自己已经知道的，而没有触及自己应该知道但还未知道的。

那该如何避免落下这样的毛病，避免陷入这样的麻烦之中呢？

这就需要从考试阅读中跳出来，不是被动地应对它们，不是仰视它们，而是要俯视它们，尝试着主动地从根本上解决问题。

不管是现在的学生也好，还是曾经的学生也好，很多人埋头做了大量的阅读题，但是如果我提出一个问题：

请你用一句话来概括，语文阅读在考什么？

有多少人能很快给出一个觉得很有底气的答案呢？

其实，虽然语文阅读题看似花样翻新，五花八门，但是本质上它们都是在考同一个东西，用一句话来概括就是：

语文阅读是考查在具体语境中理解和运用语言的能力。

说得更明白一些，阅读无非就是在具体的语境中考"字、词、句、段、篇"，考查你对这些东西的理解，要求你结合具体语境，运用语言把你的理解表述出来。

明白了这一点，也就明白了语文阅读题命题的基本路径。在阅读文章时，就不必被动地等着别人给你来命题，而是自己可以主动提出这样一些问题：

1.在具体语境中，这个字或者这个词是什么意思，为什么会选用这个字或者这个词，而不选择其他的字或者词……

2.在具体语境中，这个句子具体表达的是什么意思，它和其他句子之间的关系是什么，它在整个文段或整篇文章中起什么作用……

3.在具体语境中，这段话说的是什么意思，它和其他段落之间的关系是什么，它在整篇文章中起什么作用……（其实，段落从本质上来说就是句子的组合，因此就段落提出的问题其实和就语句提出的问题本质上并无不同。）

4.这篇文章总体在说什么，主旨是什么，语言上有什么特色，采用了怎样的写法……

明白了这些，就不必非要做那些阅读题，才知道该读什么，如何读了，而是自己就能读，自己就能提出问题了，或者家长和孩子共读时，家长也可以提出一些问题了。

针对不同年级，不同水平的学生，即使是同一篇文章，提出的问题也应该各不相同。

一般而言：

小学低年级的学生可以多问"是什么"，更多只是就事实发问。

小学中高年级到初中低年级的学生可以多问"怎么样"，可以有一些评价性的要求融入其中。

初中高年级直到高中的学生则要偏重于问"为什么"，在知道是什么；怎么样的基础上，更要深入挖掘文章背后的逻辑。

需要注意的是，不要以为掌握了这种方法，就可以为所欲为，就可以随便提出各种各样的问题了。

阅读从数量上来说，当然是韩信将兵，多多益善。但在阅读过程中，就提出问题这一点而言，其基本的原则应该是宁少勿多，宁慢勿快。每读一篇文章，有那么一两个问题足矣，甚至不提出问题也没有关系。

因为即使不提出问题，也不意味着就没有收获。只要阅读文章，大脑就会自觉不自觉地开启思考模式，有很多思考虽然模糊，但并不是不存在。没有必要每个问题都弄得一清二楚，也不可能彻底把每个问题都弄得一清二楚。那样的阅读实在太累，也完全无法坚持下去。

我们很多人小时候喜欢听评书，每次都早早地坐在收音机旁，就等着评书开讲，听得津津有味，欲罢不能。但试想，如果每次听评书之前，都要提出几个问题预习思考，或者听评书之后，又要提出几个问题必须解答，那还会有听评书的乐趣吗？

阅读也是如此。找到乐趣很重要，有了乐趣，其他的什么方式方法啊，只要有意识地追寻一下，思考一下，不难获得。

中考作文：讲一个好故事，有一个好认识

　　与高考不大相同，中考多为各省市甚至是各区县自主命题，因此可称之为中考真题的试题，一年下来，全国就有至少上百套。每一套真题中有一到两道作文题，几年下来，作文真题的数量也蔚为可观。

　　虽然数量极多，但很少会有完全相同的作文题目。那这些令人眼花缭乱的作文题目背后隐藏着怎样的命题逻辑，评卷过程中又秉持怎样的标准，考生又该如何备考呢？在临场考试时上面对不同的作文题目，又需要在选题和审题上采取怎样的应对策略呢？这些都是值得研究的问题。

　　先说考试作文的命题逻辑。虽然中考作文题目千变万化，但命题人的出发点与落脚点是一致的，那就是引导考生关注自身成长，记录自身的成长经历，尤其是中学时代的成长经历，并思考在这一成长经历中所获得的人生教益。这一结论几乎可以从每一道中考作文题目中得到验证。

　　比如，以近三年的北上广深题目为例[①]。

---

　　① 为节约篇幅起见，省略了某些作文的导语部分，只是呈现作文题目。

时间\城市	2019 年	2020 年	2021 年
北京	题目一：北京，这里有我的＿＿＿＿ 题目二：请以"我终于回来了"为题，发挥想象，写一篇故事。	题目一：2020 我的中考 题目二：请你以"此刻，我按下时间控制器"为开头，发挥想象，写一篇故事。题目自拟。	题目一：请将"做一粒＿＿＿＿的种子"补充完整，构成你的题目，写一篇文章。 题目二：请你以"我挂断了跨越时间的电话"为开头，发挥想象，写一篇故事。题目自拟。
上海	这事，真带劲	有一种甜	比看上去更有意思
广州	别担心，我可以的	我能为你做点儿什么	这里有我
深圳	因为有我	见证美好	这创意，让我激动不已

虽然有一些标题乍一看，不太能与"成长"挂钩，但实际上只要细琢磨，总能以"成长"作为主题来选材立意。比如，北京的《做一粒＿＿＿＿的种子》，是在谈一个关于人生选择的问题，而这一人生选择必然与成长中的认识密切相关。上海的《有一种甜》和《比看上去更有意思》，也是如此，也可以以"我"为主人公，谈个人的成长经历，从中体会"甜"是什么，为什么"比看上去更有意思"。

再说评卷过程中又秉持怎样的标准，简而言之，可以用两句话来回答，那就是"讲一个好故事，有一个好认识"。

与命题保持一致，阅卷过程中，评价标准也更关注考生能否结合个人的成长经历，讲出有意思有意味的故事来，能否从这个故事中生发出一些对人生的深刻认识来。虽然中考作文大部分要求为"文体不限"，但实际上这之后还隐藏着四个字，这四个字不是可见的"诗歌除外"，而是"文要有体"，也就是写什么体裁的文章，要像什么体裁，不能四不像。因为中小学阶段所学的主要是记叙文，所写的也主要是记叙文，所以中考作文命题要确保一定能写记叙文，当然也可以写其他文体，但难度会有所不同，很多时候，写其他文体的难度要大于写记叙文的难度。

既然命题与阅卷有共同的要求或者说共同的标准，那么在备考过程中，就要把满足这个要求和标准放在首位，因此也要努力"讲一个好故事，有一个好认识"。这里面的"好故事"并不一定非要求新求异求独特，"好认识"也不是说非要多么高大上，只要有所思，有所感，真能够打动人就好，平中见新，平中见奇的写法更值得鼓励。

为了做到"讲一个好故事，有一个好认识"，在备考过程中，我常常带领学生写这样一些作文母题。

1. 我因拼搏而成功（学习，体育，文艺……）

2. 温暖的时刻（亲情，友情，师生情……）

3. 我学会了合作（分享、沟通、交流……）

4. 我和 _____（横线处补充一种学科或兴趣爱好）

每一个作文母题，都有共同的指向，都是在引导学生关注自身的成长经历，"讲一个好故事，有一个好认识"。通过这些母题的写作练习，达到由浅入深，举一反三的效果。

比如，在写"我因拼搏而成功"这一母题时，就可以先选择写体育这一题材，甚至就写长跑这一题材。当这一题材的写作达标之后，再由此扩展开来，写篮球、足球、引体向上、实心球投掷，等等。学会了写体育方面的题材之后，可以写学习方面的题材，写具体学科的学习，甚至细致到学科中某一部分的学习。文艺方面也有很多可写的内容，不一定局限在写唱歌、弹琴等，只要确实有这方面的经历也有所感，都可以进入到作文题材中来。这样，就让这个题目真正发挥母题的作用，看似是一个题目，但可以由此扩展开来，积累非常多的素材。

除了积累素材之外，还要有意识地提升认识水平。比如，关于拼搏与成功的关系，可以主动搜集各种名言警句，诸如"古之立大事者，不惟有超世之才，亦必有坚韧不拔之志"；"活鱼会逆流而上，死鱼才会随波逐流"；等等。当然，这样的积累更功利，更具有临时抱佛脚的色彩，其实更靠谱的是日积月累，从具体文章阅读中和个人的亲身经历中加深对某一人生道理的认识。

除了以上列出的母题之外，在平时的写作练习过程中，也绝不要贪多求快，随意拿来各种中考作文题目来练习，而应该坚持以少胜多，以简御繁。

如果进一步简化，可以概括为坚持写好"四个一"的意识，那就是写好"一件事、一个人、一处景、一个看法"，复杂的记叙文都是从简单的记叙文开始，能够坚持把这"四个一"写好，剩下的任务就是如何将它们叠加组合的问题。

训练这"四个一"，不一定非要正儿八经地写成完整的文章，可以采用微写作的方式来练习，微写作本身具有"小""快""灵"的特点，可以从微写作的训练出发，慢慢积累大作文的写作素材和写作能力。

在写大作文时，也要注意修改作文比另起炉灶更为重要，要有意识地反复修改特定的几篇文章，体会某一篇文章是如何经过修改，从不合格到合格甚至到优秀的，这是一个怎样的发展变化过程，把这一过程中获得的经验和教训迁移到其他文章的写作中去。这远比另起炉灶，每一次都重新写一个题目，每一次都是"从零开始"，每一次都会犯同样的错误有用得多。

需要补充说明的是，除了"讲一个好故事，有一个好认识"之外，并不排除中考写作中还有其他形式和其他标准，只是说这两句话所概括的是中考中最为常用的标准和最为注重考查的能力。考生在备考过程中应该熟悉这一标准，掌握这一能力。

"欲速则不达。"虽然以上我所讲的是中考作文的问题，但并不是说初三才开始为此做准备，而是在初一开始甚至小学开始就做准备。而这种准备又不应单纯针对如何应对考试作文而进行，而是要从激发写作兴趣，切实从提升写作能力本身着手，只有坚持"多输入，慢输出"才是解决写作问题的根本之道。

前面说完了中考作文的备考，接下来说说中考作文的临场。在临场考试时，最需要关注的两个问题就是选题与审题。

先说选题的问题。

一些地区的中考试卷，作文会设计成二选一的形式。两道作文题各有侧重，常常一道偏重于考查写实的能力，另外一道偏重于考查联想和想象的能力。比如我们看北京市 2018 年中考的两道作文题。

从下面两个题目中任选一题，写一篇文章。（40 分）

题目一：一位著名学者曾经说过这样的话：任何一个多少知道一点自己国家历史的人，都应该对本国过往的历史心怀敬意。历史不仅书写在浩瀚的史籍里，也沉淀在众多的历史古迹和历史文物中。请你任选一处古迹（圆明园除外）或一件文物，将"_____，让我心生敬意"补充完整，构成你的题目，写一篇文章。不限文体（诗歌除外）。

题目二：请你用上"伙伴""困境""成长"这三个词语，以"在幽深的峡谷里"为开头，发挥想象，写一篇故事。题目自拟。

要求：（1）请将作文题目抄写在答题卡上。（2）字数在 600 — 800 字之间。（3）不要出现所在学校的校名或师生姓名。

当一次考试，提供两道作文题任选其一时，考生就面临一个很重要的问题：要选择哪个题目来写。除了自己能不能写这个最主要的考量之外，还有相当一部分考生纠结于选择哪一个可以更占一些便宜，或者换个说法，选择哪一个可以比较不吃亏。

能不能写，这是个人的主观认知判断，对此我不做过多解说。主要说说后一个问题，也就是选题上占便宜还是吃亏的问题。对这个问题的回答，简而言之：无论选择哪一个题目，都不占便宜，或者也可以说都不吃亏。

为什么会这样？因为阅卷时，不是两道作文题混在一起评分，而是根据考生在答题卡上填涂的题目，通过计算机程序，把选择不同题目的考生作文完全拆分开来评阅。每道作文题有各自的具体评卷标准，两者不会交叉干扰。但通过阅卷尺度的调控，最终两道作文题考生的平均分差距会微乎其微。

换言之，每个考生只是在和他选定同一道作文题的其他考生竞争，和选择另外一道作文题的考生不存在直接竞争关系。所以选择你能写，也最擅长写的那道作文题，就是最佳选择，就是以己之长，攻彼之短。而如果非要过多地考虑选哪一道作文题的人数可能更多或者水平更高，于是想办法避开，结果更大的可能是自己掉到坑里面去了。

选择完了题目之后，就要面对审题的问题。实际上在选择题目的过程中，已经对题目有了主观直觉。接下来我所要谈的这个审题，是从更为详细的具体操作层面来考虑。

依据个人的指导备考与组织阅卷经验，我建议考生可以尝试着把作文题目分为两大类六小类来进行审题。即：

第一大类：难易。

容易的题目要往精彩了来写；

偏难的题目要往有把握了来写。

第二大类：类型。

大词的题目要往小了来写；

宽泛的题目往明确了来写；

比喻的题目抽出本体来写；

半命题的题目要填顺了往容易展开来写。

先说第一大类，从难易角度来分。

一道试题，从主观判断角度来说，无非常常会有"偏容易"或者"偏困难"这样两种感受。当有了不同感受之后，我们该如何从审题上进一步深入呢？

如果是觉得偏于容易的题目，就要想办法往精彩了来写。如果你觉得很容易，简单一读题目，就觉得很容易上手来写，这时候不要高兴得太早，因为大多数人可能和你感觉一样，都觉得挺容易。

这时，作文优劣的比拼就要看谁能写得更精彩了。从选材上来说，就要想办法选择一些比别人更为独特的材料；从作文结构上来说，尝试采用一些更为新颖的结构；从语言上来说，尝试着把语言打磨得更优美。唯有如此，才能在竞争中脱颖而出。

如果是觉得偏于困难的题目，就要想办法往有把握了来写。如果你觉得题目有一定的难度，也不要因此害怕甚至沮丧，因为可能大多数人和你的感觉一样，也觉得某个题目有相当的难度。

这时候，就不是要比谁的选材更独特，谁的文章结构更别出心裁，谁的语言更精彩了。而只要你能稳定发挥，符合题目要求，就有很大可能占据领先优势了。所以这时思考的重点要放在写得更有把握上，确保不跑题，符合题意，中心明确，结构合理等，这样在竞争中就自然获得优势了。

再说第二大类，从类型角度来分。

大词的题目要往小了来写。什么是大词？那些公园绿地的大牌子上，过街天桥的大红横幅上的词，大多属于大词。比如，社会主义核心价值观或北京精神等。遇到这些大词，一定不能就大说大，而应该想办法往小了说，或者说叫"以小见大"。比如，写"和谐"，就不要写和谐社会这样的大话题，而应该写和谐的邻里关系，和谐的班集体等，通过一滴水来反映太阳的光辉，才是字数限定在七八百字的中考作文的制胜之道。

宽泛的题目往明确了来写。事实上，中考作文题目一定是宽泛的，而不可能是特别狭窄的，因为要保证绝大多数同学有可说，有可写。在导语中常常会对题目给出相对来说比较宽泛的解释，但同学在写作时，则不能就宽泛说宽泛，而应该选择更小的切口，往明确了来写。比如，以"赏"为题写一篇文章。你在审题时，需要做的工作就是将其更为明确化，是赏鉴还是赏识，是观赏还是赞赏等，都要明确起来。要由一个字组成一个词，由一个词组成一个短语，又由一个短语组成一个句子，越明确越好。赏——欣赏——欣赏某人——因为某事，我欣赏某人，他是我的榜样，带给我很多启发……通过这样的扩展，既限定题材又限定中心，写起来就不容易散乱了。

比喻的题目抽出本体来写。常常有一些作文题目，不是像"我因拼搏而成功""温暖的时刻"这样的，而是像"风雨彩虹""春满心田"这样的。在题目中带有一些比喻的意义，需要你把这些题目的比喻意义的本体挖掘出来。千万不要就比喻说比喻本身，或者把比喻的本体和喻体完全搅和在一起来写。比如，"根深叶茂"这样的题目，从命题者的意图而言，就不是要让学生直接描写一株大树树根扎得如何深入，枝叶长得如何繁茂。而是要让考生写出只有打好基础，才能更上层楼，才能在未来取得更大的成就等寓意来。因此，在考生写作时，需要明确"根"是什么，"叶"是什么，具体到某事的"根深"与"叶茂"的关系是怎样体现的。

半命题的题目要填顺了往容易展开来写。有一些是半命题的题目，要根据需要将题目补充完整。补充题目时注意不是只能补充一个词或者一个短语，甚至补充一个句子也没有关系，首先要确保补充完整的题目读起来顺畅，不能是病句。但这只是完成了第一步，与此同时，还应该注意所补充的内容要容易展开来写才好。比如，"我从＿＿＿读出了＿＿＿"这样一个题目，有的同学就填成了"我从拼搏中读出了成功"，这个句子看起来就很别扭，如果调整为"我从成功中读出了拼搏的意义"就比较顺畅。有同学填成了"我从爸爸的安慰中读出了他对我的爱"，这个句子不是病句，但"安慰"在具体写作中不易展开，这位同学灵机一动，将题目改为"我从爸爸的安慰和帮助中读出了他对我的爱"。加了"帮助"一词，一下子就给自己展开写作提供了极大的便利。

以上两大类六小类作文审题的方法，只是为了求简便明确而拆开来说。实际考试过程中，可能考生所面临的作文题是一个非常综合的情况。不但有难易的问题需要考虑，也要有类型的问题需要考虑；不但具体类型中涉及了大词，还可能有比喻的问题，甚至可能是半命题的题目，所以要综合使用以上所说的审题原则审题技巧才是。

初三备考，时间有限，同学接触到的作文题又实在太多，每篇都写，既不可能，也不现实。虽然不同地区在中考作文命题上有一些共性，但同时也存在个性。我们在了解了本文所谈的共性之后，还要就个性的问题做一些准备。

更具操作性的办法是把当地历年的真题、近年的模拟题整合在一起，利用本文中所说的选题与审题的办法，简单分类，想一想自己如果面对某一类作文题时该如何做，对最典型的作文写上两三篇，有一个实际的操练，然后能由此举一反三才好。

总之，中考作文在备考与临场上有一些规律可抓，抓住了这些规律，我们才能以少胜多，才能举一反三。当然，务必要补充强调的是，千万不要把这些规律当成所谓套路或者绝招，以为看一看，读一读，然后马上就能上手操作，一用就灵，那就错了。事实上，写作并无什么终南捷径，所有这些规律的掌握和灵活运用，都要建立在日常的大量阅读和持续不断的写作实践基础之上。

整本书阅读：让阅读回归日常

近年，整本书阅读这个概念堪称火爆，学校里轰轰烈烈地开展整本书阅读活动，书店里摆满了整本书阅读的系列书籍，专家讲座也经常以整本书阅读为旗号。不过，在我这个一线语文教师看来，整本书阅读火则火矣，但是虚火居多。

当前，整本书阅读在操作上，基本上和名著阅读画上了等号，而名著阅读又和考试阅读紧紧地搭接在一起，常常是中、高考规定要考哪几本名著，学校就要求学生读哪几本名著，而中、高考涉及的名著，又出自《义务教育语文课程标准》的相关规定，所以你会发现，整本书阅读基本上围绕着义务教育阶段以及高中阶段的《义务教育语文课程标准》推荐的若干本名著进行。书店里关于整本书阅读的书籍看似琳琅满目，版本繁多，但实际上所涉及的书，无非就是那十几二十本而已。

为什么现在非要提整本书阅读的概念呢？我以为，一个是考试的驱动，一个是利益的驱使。考试驱动，学生有了这方面的需求；利益驱使，为了满足这种需求可以使得各方获利颇丰。因此，就有了各种所谓整本书阅读书籍的出版，就有了各种所谓整本书阅读策略培训。但这些出版和培训，通常只不过是聚焦在如何应对考试的方法和技巧层面，并没有从根本上解决问题。

以考试为驱动，完全违背了阅读的本心。整本书阅读不应该指定就是那几本书，因为整本书多矣，为什么必须是名著呢？即使是名著，从古至今，从中国到外国，名著也可谓多矣，为什么非要读那几本名著呢？恐怕没有人能说得清楚，也很难说清楚。

名著阅读是不是有了策略就能读下去呢？所谓仁者见仁，智者见智，名著之为名著，正是因为无限的可解读性。无论一种策略、一种解读多么优秀，都不能代替个人的阅读、个体的体验，而现在则要求在同一个策略之下，寻求共同的标准答案，这在教育上严重违背因材施教的原则，在阅读上严重违背个性化的原则。

将名著标准化，提供给每一位学生，与把工业生产线上下来的标准件提供给消费者，没有任何差异，这时候名著阅读的趣味又在哪里呢？学生不爱读名著，老师又要想尽办法把名著裹了"糖衣"让学生吃，结果很可能是"糖衣"被吃掉了，"炮弹"被打回来了。

以考试为驱动，常常让名著阅读沦落为关于情节、知识点的记忆。但名著之为名著，不只是情节，而且还有其他更丰富的内容，比如结构、语言等，一旦忽略了这些，名著就仿佛是抽干了水分的蔬果，只剩下渣滓，没有任何味道，令人难以下咽。

譬如，读《水浒传》，金圣叹的点评固然独到，但并不能用金评代替每个人的阅读感受，只是道听途说记住了有"武松景阳冈打虎"这个情节远远不够，只有真正阅读进去，才能在小说一波三折的叙述中，感受到阅读趣味之所在。

以考试为驱动，名著阅读促成了《名著一本通》《一本书读懂一百本名著》之类的快销书市场的火爆。为了应对考试学生甚至人手一本这类书籍，如果名著真的能够"一本通"，那还要名著本身干什么？还要费劲巴力地一本一本读名著干什么？当我们对立竿见影孜孜以求时，其实正是在饮鸩止渴。

与"一本通"同时大行其道的，还有各种考试指定名著的解读版本。这些版本的共同特点大多是以考点为幌子，读完一两章，甚至是读完几个段落，就要有一个问题提给学生。小时候，我们听评书的兴趣哪里来？是"欲知后事如何，且听下回分解"。现在呢？想要读下一章，得先把这章的问题完成，这样能读出趣味来才怪呢。

既然整本书阅读存在这么多问题，那么，还要不要整本书阅读呢？当然要。但是，整本书阅读的基础是什么要先搞清楚。常识告诉我们，一个人要先学会走，然后才开始跑，最初耐力比较小，可以跑短距离，慢慢随着耐力的增强，可以跑更长距离。

读书也是如此，人们从最初的借助图画读只有几句话的绘本，慢慢过渡到纯文字的篇章，再从一篇篇文章，过渡到读一本本书。从来不会有还没学会走就能跑这样的事情发生。整本书阅读也是如此，不可能跨越式前进，也无法弯道超车。

那么，该如何打好整本书阅读的基础呢？我以为至少要做到以下三点。

第一，要培养学生对阅读的兴趣。

这种兴趣的培养不是从初中开始，更不是从高中开始，而是从识字就要开始。不能把识字当成目的，识字只是手段，要让孩子从小对一切文字的东西感到有趣，这样将来会自然而然地因为信息、情感摄入的需求得不到满足，就要逐步主动地增加阅读的量，提高阅读的质，自然就会进入到整本书阅读阶段。

孩子如果从小没有养成良好的阅读习惯，是很难读整本书的。从这个意义上来说，没有必要单独把"整本书阅读"的概念提出来。阅读就是阅读，从小到大，只要踏踏实实地一篇又一篇、一本又一本地读下去就好了。

第二，要给予学生充足的阅读时间。

现在的情况是学生大量的时间被各种各样的作业练习所占据，常常是完成了这些作业和练习，所剩余的时间也寥寥无几，就没办法进行阅读。阅读是实践性活动，是需要花时间的，没有时间的积累，阅读很难跃上一个更高的层次。

先要让孩子爱上读书，然后给他们充足的时间去阅读，那么他们自然会在大量阅读实践中发展出属于自己的方法和策略来。

第三，放开整本书阅读的限制。

不要刻意规定必须读哪本书。学生个体各个不同，即使是同一年级，同一年龄，依然差异很大，存在性别、兴趣、能力等方方面面的差异，非要一刀切地要求读某一本书，违反基本的因材施教原则。整本书阅读可以走能读、爱读、扩展读、深入读的道路，但是，在这个道路上每个人遇到的书籍应该是不同的，要让每一个孩子有自己个性化的阅读。

不要误以为没有读过某一本书就会产生完全无法弥补的损失，事实上，书籍中所讲的很多东西是相通的，是互补的，没有人能够读完所有的书，要选择适合自己的书来读。

如果能做到以上几点，整本书阅读则变得轻而易举。让阅读回归阅读，让阅读归于日常，如此，则学生幸甚，老师幸甚，家长幸甚！

试卷评讲：温故知新，举一反三

讲卷子是学校中最为常见的教学活动之一。随着电脑打印机等办公设备的升级，生产卷子的效率也大幅提高。于是，卷子每天就像雪片一样飞到了学生手里。学生做的卷子越来越多，老师讲卷子的频率也越来越高。

但是，越是最常见的事情，越容易让人陷入到一种习焉不察、麻木不仁的状态之中。如果我们追问一下讲卷子需要遵循什么样的基本原则，最要紧最核心的原则又是什么，或许，很多老师面对这个问题并不能够立刻说出一二三四、子丑寅卯来，就更不用说谈得深入了。

我们现在常常说"以学生为中心"，那我们就先观察一下学生是如何对待卷子的。他们拿到卷子之后通常会首先关注得了多少分，哪里丢分了，然后在老师讲卷子时，听课的重点就落在了丢分的那个题上。而且，不仅仅关注答案，还更关注是不是老师给他判错了，能不能再找回几分来。为什么会关注分数？因为老师看重，因为家长看重。

再看看我们老师是如何对待讲卷子这个事儿的。通常是要说一说平均分，说一说谁高谁低，一边数落着"这个我也讲过，那个我也讲过，你们还出错"，一边又把卷子上的题再掰开揉碎了讲一遍，讲完之后，还不忘补一句："有哪个同学的卷子判错了，到我这里来改分，过时不候。"如果说老师也完全是围绕着分数来讲，那显然有一点儿冤枉，但很多老师常常会自觉不自觉地把分数当成一个驱动力，认为用分数来强调一下，学生就会重视许多。

甚至在很多情况下，因为卷子做得越来越多，根本都讲不过来，于是老师就带着学生对一对答案，或者干脆把答案也打印好发给学生让学生自己去核对就完了，得分高的受到表扬，得分低的被严厉批评。

当学生和老师都把重点聚焦在分数上时，实际上已经完全偏离了学习的本质。一旦偏离了学习的本质，就必然受到相应的惩罚。这就是为什么看起来卷子做了不少，每个人都看似非常勤奋、非常努力，但学习的效率、学习的收获远没有期待那么高的根本原因。

讲卷子不能和对答案画等号，重点不应落在分数上。讲卷子固然有改正错误、找出差距、查漏补缺等功能，但我以为更重要的是要能够温故知新，举一反三，要回归学习的本质才行。

光说不练假把式，下面我举两个最近的例子来说明我在讲卷子这件事上是如何操作的。

期中考试结束了，按照年级的统一安排，是给两节课的时间讲卷子，但是，我讲了六节课都不止，那我都讲了什么，是怎么讲的呢？

【例一】

（4）只有一墙之隔，转过影壁，就是院子。我们家里一向是喜欢花的；虽然没有什么非常名贵的花，但是常见的花却是应有尽有。每年春天，迎春花首先开出黄色的小花，报告春的消息。以后接着来的是桃花、杏花、海棠、榆叶梅、丁香等等，院子里开得花团锦簇。到了夏天，更是满院蔵蕤。凤仙花、石竹花、鸡冠花、五色梅、江西腊等等，五彩缤纷，美不胜收。夜来香的香气熏透了整个的夏夜的庭院，是我什么时候也不会忘记的。一到秋天，玉簪花带来凄清的寒意，菊花报告花事的结束。总之，一年三季，花开花落，没有间歇；情景虽美，变化亦多。

（5）然而，在一墙之隔的大门内，②夹竹桃却在那里静悄悄地一声不响，一朵花败了，又开出一朵；一嘟噜花黄了，又长出一嘟噜；在和煦的春风里，在盛夏的暴雨里，在深秋的清冷里，看不出什么特别茂盛的时候，也看不出什么特别衰败的时候，无日不迎风弄姿，从春天一直到秋天，从迎春花一直到玉簪花和菊花，无不奉陪。这一点韧性，同院子里那些花比起来，不是形成一个强烈的对照吗？

问题：第（4）段，作者用大量的笔墨描写了自家小院四季轮转的繁荣花事，这与夹竹桃有什么关联？（2分）

参考答案：与夹竹桃形成强烈对照（对比／比较），突出夹竹桃的韧性。（对比、韧性各1分）

这道题本身难度并不大，只要抓住第五段结尾的话："这一点韧性，同院子里那些花比起来，不是形成一个强烈的对照吗？"就基本上能够准确回答问题了。

但仅仅得到分数远远不够，这个问题牵扯到一个更重要的问题，那就是对比的写法及其作用。因为对比是在阅读和写作中最常见的一种语言表达方式。于是，我又举了若干个例子来扩展并深入说明这个问题。

悯农

［唐］李绅

春种一粒粟，秋收万颗子。
四海无闲田，农夫犹饿死。

"春种一粒粟，秋收万颗子。"这两句本身就构成一种对比，种下去的种子很少，但收获很多。"四海无闲田"这一句紧承着前两句而来，如果有了"春种一粒粟，秋收万颗子"这个前提，当"四海无闲田"时，收获又会是何等丰富。然而"农夫犹饿死"，这就构成了一个更为强烈引人深思的对比，那些收获都哪里去了呢？农夫为什么会在这样丰收的年景之下"犹饿死"呢？

江上渔者

［宋］范仲淹

江上往来人，但爱鲈鱼美。

君看一叶舟，出没风波里。

江边来来往往的人，都爱鲈鱼的美味。但那美味的鲈鱼从何而来呢？是出没于风浪波涛中的渔民冒着生命的危险捕获的。那些来来往往于江边，喜爱鲈鱼的美味的人，能理解这"风波之恶"，能理解这出生入死的辛劳吗？这种对比又说明了什么呢？

陶者

［宋］梅尧臣

陶尽门前土，屋上无片瓦。

十指不沾泥，鳞鳞居大厦。

那些制作泥瓦的陶者，"陶尽门前土"，自家的屋顶上却"无片瓦"。他们生产的泥瓦都给谁用了呢？是用来建筑那些鳞次栉比的大厦了。可在这些大厦中居住的都是"十指不沾泥"的人。从这种对比中你又感受到了什么呢？

赤日炎炎似火烧

［明］施耐庵

赤日炎炎似火烧，野田禾稻半枯焦。

农夫心内如汤煮，公子王孙把扇摇。

这是《水浒传》"智取生辰纲"一节中白胜扮的酒贩子的一段唱词。"赤日炎炎似火烧，野田禾稻半枯焦"是自然气象，但同在这自然气象之下，每个人的反应又各不相同。为什么会"农夫心内如汤煮"，而公子王孙却能轻松愉快地"把扇摇"呢？这种强烈的对比又暗示了什么呢？

北风行

[明] 刘基

城外萧萧北风起，城上健儿吹落耳。

将军玉帐貂鼠衣，手持酒杯看雪飞。

呼啸的北风，简直要冻掉了耳朵，但这些下层的士兵（健儿）依然要在城上站岗。与此形成鲜明对比的是穿着貂鼠衣、手持酒杯的将军，在玉帐之中，一边饮酒作乐，一边欣赏飞雪美景。那通过这种对比，作者又想表达什么样的思想呢？

类似的例子还有很多，试想一下，如果能逐一深入体会分析这些对比的具体作用，那么，关于对比这种写作手法是不是就可以通过温故知新，达到举一反三的目的，就会理解得更清晰更深入呢？以后如果有关于对比的问题，不管千变万化，是不是也可以"以不变应万变"了？

【例二】

我们家大门内也有两盆，一盆是红色的，一盆是白色的。我小的时候，天天都要从这下面走出走进。①红色的花朵让我想到火，白色的花朵让我想到雪。火与雪是不相容的；但是，这两盆花却融洽地开在一起，宛如火上有雪，或雪上有火。我顾而乐之，小小的心灵里觉得十分奇妙，十分有趣。

问题：

文中多处描写了夹竹桃，请从①②③三处画线句中选取一处进行鉴赏。（提示：分别用了什么修辞？写出了夹竹桃什么特点？表达了作者怎样的感情？）

参考答案（以①为例）：

红色的花朵让我想到火，白色的花朵让我想到雪。火与雪是不相容的；但是，这两盆花却融洽地开在一起，宛如火上有雪，或雪上有火。

赏析：作者用了比喻的修辞方法，将夹竹桃花比作"火"和"雪"，写出了夹竹桃红白相衬的美丽与和谐，表现了作者对夹竹桃的喜爱之情。

这个题本身难度也不大。不要说初一的学生，就是小学高年级的学生回答起来难度也不大。不过，比喻作为一种广泛使用的修辞方法，有必要有更多的例子做支撑，去分析其作用与效果。于是，我又举了若干个例子来补充说明这个问题。

咏柳

［唐］贺知章

碧玉妆成一树高，万条垂下绿丝绦。

不知细叶谁裁出，二月春风似剪刀。

作者把"二月春风"比作"剪刀"，用来回答"不知细叶谁裁出"，再结合"碧玉妆成一树高，万条垂下绿丝绦"这样美景的描述，正表达了作者对春天对春风的喜爱之情。

望洞庭

［唐］刘禹锡

湖光秋月两相和，潭面无风镜未磨。

遥望洞庭山水翠，白银盘里一青螺。

这里面实际上含有两个比喻，一个是把洞庭湖比喻成"白银盘"，另一个是把洞庭湖中的君山比作"青螺"，而青翠的君山在洞庭湖中，正仿佛是青螺在白银盘中。这样的比喻建立在"湖光秋月两相和，潭面无风镜未磨"的大背景之下，如此的贴切，如此的生动，不正表现了作者对这眼前美景的热爱之情吗？

夜上受降城闻笛

［唐］李益

回乐烽前沙似雪，受降城外月如霜。

不知何处吹芦管，一夜征人尽望乡。

"沙似雪""月如霜"是两个比喻，为什么要用"似雪""如霜"来比喻沙，比喻月，而不比喻成别的东西呢？因为"似雪""如霜"会带给人强烈的清冷凄凉之感，而这种清冷凄凉，正与倾听"吹芦管"的"征人"的思乡情绪相融。凄冷的心绪，不尽的乡愁由此淋漓尽致地表现出来了。

比喻这样的修辞在古诗文中有很多，比如白居易的《琵琶行》中的对音乐描写的名句：

大弦嘈嘈如急雨，小弦切切如私语。嘈嘈切切错杂弹，大珠小珠落玉盘。间关莺语花底滑，幽咽泉流冰下难。冰泉冷涩弦凝绝，凝绝不通声暂歇。别有幽愁暗恨生，此时无声胜有声。

再比如，南唐后主李煜的《虞美人·春花秋月何时了》中的名句："问君能有几多愁？恰似一江春水向东流。"

不必一一列举，也不可能一一列举，但试想一下，这样温故知新，举一反三，是不是就对比喻这种修辞的作用及其效果有了更深入的理解了呢？以后如果考试中有关于比喻的问题，不管千变万化，是不是也可以"以不变应万变"呢？

卷子不在多，而在精。讲卷子也不在多，而在透。要回到学习的本质中来，不要只是就题目讲题目，也不要就分数说分数，而要能够有意识地扩展开来，要能够温故知新，要能够举一反三。这才是讲卷子最应该做的事情。

第四章

我的减法教育观

教孩子时，要注重解决问题的底层逻辑

这是一个人人艳羡学霸的时代：老师希望自己教的学生成学霸，家长希望自己家的孩子是学霸。

这个愿望固然很好，但是，一个最基本的事实是，"牛娃"，尤其是"天牛"，永远都是学生中的少数，大多数学生不过是"普娃"而已。如果以"学霸思维"来教大多数孩子，非但培养不出学霸，还会毁了孩子。

何以如此？为生动形象起见，举两个例子来说明这个问题。

在我儿子小学二年级时，奉孩儿妈的命令，我去听一节校外的数学课，判断一下是否要上这个辅导班。虽然这位讲课的老师名满京城，但我听了之后，果断决定不参加了，我儿子这样的"普娃"是没办法跟这样的老师来学的。

他问学生：99×77 等于多少？那时候学生好像是刚刚才开始学乘法，连乘法口诀还没有完全背熟呢。然后，他就告诉孩子，要这样做最简单，先要 $(100-1) \times 77$，然后就是 7700-77，这样很快就可以算出得数是 7623，要记住这个简便算法。

我在听课时，观察到大多数孩子一脸懵，只有极少一部分孩子听明白了，而且，这一部分孩子中好像还有一些是之前接触过这个问题的，他们是凭借记忆，记住了这一简便算法，而并不完全理解这一简便算法的原理。

当时我就在想，这是跳了多少个思维步骤之后的做法啊。首先，要默认学生完全理解乘法的由来和意义。要知道 9×7，虽然这可以用乘法口诀记住，但实际上也可以理解为 $(10-1) \times 7$，由此进一步延伸扩展，要知道 99×7 可以转化为 $(100-1) \times 7$，最后才可能是 99×77 的简便算法。

这个简便算法，对于成人来说，理解起来一点儿都不难，但对孩子来说，一定是个难题，需要一步步从根子上理顺了，帮助他彻底搞清楚了，然后他才能真正在理解的基础上运用这个简便算法，而不是只是记住了。

再举一个数学上的例子。最近，我带着儿子算一个一元一次方程题：$7.2x+4 \times 1.6=10$，他在处理这个问题时，想要一步就处理成 $x=(10-4 \times 1.6) \div 7.2$，甚至想要把 $10-4 \times 1.6$ 同时也要算出数字来才好，这样做对不对呢？不能说不对，但是不大合适。因为以他的能力，很难照顾到这么多的变量，又要等号两边移动变号，又要涉及哪些数字先组合在一起计算、哪些数字后计算的问题，所以，经常丢三落四，还没等开始计算呢，第一步就错了，那后面的所有计算都劳而无功了。

于是，我要求他必须要一步一步来做，先把方程左右各自整理到最简的程度，然后再考虑等号左右移动的问题，最后才是考虑 x 等于多少的问题。

儿子问我，为什么不能跳步做，跳步不是更快吗？我告诉他，不是完全不可以跳步，但是在还没有把最基础的内容做得非常熟练、把最基本的概念理解得极为透彻的情况下，一定不能跳步，要老老实实一步一步走。这样处理，看起来似乎很麻烦，但实际上一步一步扎实操作，最终才能在最大程度上确保结果的准确性。

求快，一定程度上是人的本能，但是快一定要建立在稳定的基础上。试想，如果孩子在这类问题上出现了还没稳就想快的倾向，老师和家长如果不踩一踩刹车，甚至是自己在教孩子时，有意无意地也在跳步，完全没有考虑到孩子思维发展的水平，那么就会埋下祸根。这不仅关乎能否把一个数学计算题做对的问题，更关乎孩子能否发展严谨高效的思维能力问题。

我数学当年学得最烂，之所以现在还能讲一讲，不是因为我会做很复杂的数学题，我现在是从教育角度，从儿童发展的角度看这个问题。

回到老本行，说说语文的问题。我在教初三学生中考备考时，就特别关注如何培养学生化繁为简，化难为易的解决问题的能力。

很多学生在做归纳概括问题时，常常是跟着感觉走，总是想一眼就看出答案是什么，但实际上他们并不具备这样的能力。当一眼看不出答案时，他们又会产生畏难情绪，于是可能会胡乱地思考一番，就做出一个答案。这样做是不行的，很难保证稳定性。

有些老师在教学生时，也不是把归纳概括问题逐一拆解开来，而是有意无意地跳过了很多步骤，然后告诉学生答案就是这个，记住了就行了。

我却不然，我告诉学生做归纳概括问题，必须要遵循三个"凡是……必先……"的原则，即"**凡是归纳概括，必先准确提取信息；凡是提取信息，必先准确分层；凡是分层，必先准确确定区间**"。

以上表达是为了强调，如果按照正常顺序说，就是一个归纳概括问题，必须经历这样四个步骤，首先准确确定区间，然后准确分层，再然后是准确提取信息，最后才是归纳概括。不管哪一步出错，都不可能得出正确答案。

下面以中考语文真题为例做具体说明。

第②段作者所说的"这个道理"指的是什么？（限20字以内）（北京市2006年中考语文第23题）

第②段的文本是这样的：

②宽容，就是心胸宽阔有气量，能容人容物，不斤斤计较。一个具有宽容之心的人，往往能够正确对待社会中的矛盾和前进中的困难，变冲突为祥和，化干戈为玉帛，使摩擦减少到最低限度，从而产生巨大的感召力和凝聚力。《论语》中的"宽则得众"，林则徐的"海纳百川，有容乃大；壁立千仞，无欲则刚"等，讲的就是这个道理。

第一步：准确确定区间，是第②段。这看似很简单，但实际上一旦给定区间的方式变得更复杂一些，或者有意识地在命题时挖坑，学生很容易就掉进去。

第二步：准确分层。这一段有三个句子，恰好可以分为三层。第一层是在说什么是宽容，第二层是在说宽容的作用，第三层则是引用名言重申相关道理。

第三步：准确提取信息。"这个道理"在第几层呢？从前面分层之后，对每一层的意思概括可见，答案不在第一层，也不在第三层，而在第二层，即"一个具有宽容之心的人，往往能够正确对待社会中的矛盾和前进中的困难，变冲突为祥和，化干戈为玉帛，使摩擦减少到最低限度，从而产生巨大的感召力和凝聚力"。

第四步：准确归纳概括。即使到了这一步，仍旧有很多工作要做。

归纳概括需要遵循一些基本原则。归纳概括和具体描述是一对敌人，所以，一旦说到归纳概括，就要第一时间把具体描述干掉。具体到本题，就是要去掉"变冲突为祥和，化干戈为玉帛"。

去掉描述后，剩下"一个具有宽容之心的人，往往能够正确对待社会中的矛盾和前进中的困难，使摩擦减少到最低限度，从而产生巨大的感召力和凝聚力"。但依然不满足20个字以内的要求，这时可以尝试采用提取关键词的方式进一步压缩。

大约可以压缩成这样："宽容的人，能正确对待矛盾和困难，减少摩擦，产生巨大的感召力和凝聚力。"但依然距离20字以内的要求相去甚远，当发现只是采用提取关键词压缩好像并不能完全奏效，就要琢磨一下哪些可以进一步去掉。是去掉过程呢，还是去掉结果呢？依据是什么呢？

文段最末一句引用《论语》和林则徐的话说"讲的就是这个道理"，"讲的就是"这样的说法，大约相当于数学上的等号或者约等号，也就是这两句话其实也在说这个道理，相比来说，林则徐的话是比喻的，更为具体，而《论语》的话更为抽象，这就告诉我们要围绕着"宽则得众"这个相对抽象的话来概括了。

于是，对应着"宽则得众"，就可以把中间的"能正确对待矛盾和困难，减少摩擦"去掉，变成"宽容可以产生巨大的感召力和凝聚力"，这就圆满达成题目要求了。

这个问题看似简单，但是其中隐藏了很多常见的思维方式和方法问题。于是，我就利用这个问题，把相关的思维方式和方法讲清楚，讲透彻。唯有如此，学生在之后遇到更为复杂的问题时，才有可能举一反三，从容应对。

其实，不只是语文、数学如此，其他学科也是如此，不只是老师教学如此，家长教孩子也应该如此，都要把解决问题的底层逻辑掰开了揉碎了讲清楚，这样看似很慢，实则却是真正的快。

一方面成人常常忘却了自己在还是孩子的时候，学习某个问题遇到了哪些坎儿，另一方面受到当今社会贪多求快的影响，在教孩子的时候，常常自觉不自觉地就开启了"学霸思维"，总觉得这么简单，你居然还不会；这样跳几步，不是更省事更简捷吗？殊不知，某些问题对成人不难，但对孩子来说可能非常难。

我们教孩子不能贪多求快，否则就会欲速则不达，要"蹲下来"研究清楚孩子所面临的难点在哪里，要想清楚如何通过恰到好处的引导，一方面带着他解决相关的问题，一方面帮他建立起稳定高效的思维方式。

基础不牢，地动山摇。

不会走就想跑，那就必然会摔跤。

学会思考比记住知识和技巧更为重要。

这些都是教育常识，然而，我们因为太希望迅速拔高，所以，在教育实践中就常常把这些常识抛诸脑后。这时候，再想期待普娃变学霸，对不起，已经完全没可能了，因为我们已经用急火把饭烧煳了。

一线教师的实力不在命题

今天，很多学校的语文老师都曾经有过这样的经历，教研组开会，要求每一位老师认真研究试题，要求每一位老师都要逐步具备独立命题的能力，有明确的命题任务分配。甚至，有一些教研组提出了"语文老师的实力在命题"这样的口号。

这些要求合理吗？

首先，命题是个有门槛的技术活。

我们知道中、高考的命题，常常要遴选一批具有丰富命题经验的专家进行命题，虽然有部分一线老师参与，但常常并不居于主导地位。在命题过程中，要确定命题指导思想，要设计命题蓝图，要填写双向细目表等，有一系列复杂细致的工作要做。饶是如此，每一年的试题仍然可能会有这样或者那样的瑕疵。可见，命题这件事本身是有门槛的，技术性要求很高。

其次，命题是个消耗时间的体力活。

一份中、高考试题的命制，排除之前准备的时间，就是入闱之后，也要一个命题组的若干成员，少则四五人，多则十来人，经过差不多半个月夜以继日的工作，才最终把试题打磨成型。如果不考虑多人合作带来的效率提升，只是简单换算，命制一套试题，大约需要一个人花费至少两三个月的时间。可见，命题也是一个消耗时间的体力活。

无论是有门槛的技术活，还是消耗时间的体力活，这对一线教师而言，都是不小的挑战。

　　大多数一线老师，并不可能深入了解命题过程中的各个环节，也没有多少机会参与相对高层级的命题实践。在研究试题时，大多数人还把关注的焦点放在具体的题型变化上，很少有人能看到题型千变万化背后的能力不变的问题。当对试题研究还谈不上深入时，就要求学会命题，那和还不会走路就要求跑起来，本质上并无区别。

　　一线老师，大多数的时间和精力，被备课、讲课、答疑、辅导、批改作业等日常工作所占据，能够静下心来进行思考的时间本身就非常有限。而如果没有充分的时间思考、打磨，且不说是出一份完整的试卷，就是出一道试题，让这一道题趋近完美，都是很不容易的事。

　　如此说来，大多数一线老师并不具备命题的能力和条件，尤其是不具备做原创命题的能力和条件。那么，问题来了，明明困难重重，为什么还偏偏要求一线老师具备命题的能力，甚至是具备原创命题的能力呢？

　　其一，认为只有一线老师具备命题能力，拿出自己学校的试卷或者练习，在各校或者各地区交流时，才显得高端大气上档次："看，这都是我们一线老师的原创命题。"潜台词是"让我用试题告诉你我们有多牛"。

　　其二，认为试题研究水平与命题能力密切相关。当具备了命题的能力，有了具体的命题实践，就能够反过来更好地促进试题研究，对试题把握得更深入更透彻。这样的高标准严要求，哪怕在执行过程中打一点儿折扣，也会不错吧？

　　应该说，这两个想法看起来似乎都没毛病，甚至很美妙。但有些东西，仅仅是看起来很美，一旦落到实处，可能是猴吃麻花——满拧。

　　当一线教师从能力到精力都不能满足这些要求，但又不得不做时，会怎么样呢？大概率是凑合。凑合的结果是什么呢？很可能是画虎不成反类犬。

　　因缘际会，本人也曾经连续十几年参与过各种大大小小的命题。最初一两年，确实有那么一点小小的得意，觉得学生做我命制的试题，感觉我手里就掌握了什么生杀予夺的大权似的。但几年之后，感觉变化了，觉得我的命题不是在帮助他们提高语文能力，而是在毁掉他们。

何出此言？仅以语文的阅读题为例来说一说。

受限于试卷字数总量和试题考点以及难易分布等因素，所有的语文考试中的阅读文章都不是原文，而是经过刀砍斧劈大量删改之后专门用于考试的文本。

举别人的例子不大合适，因为我此文的目的不在于批判某个人，而是在谈我对这一现象的思考。所以就举我自己命题的经历，把我自己当成靶子。我曾经以擅长把长长的原文修改成适合考试的文章为荣，但现在则常常怒怼自己，反思自己。

某年，我找到了著名语文特级教师于漪先生的一篇在语文教育高峰论坛上的发言作为中考模拟题议论文命题的原始材料。这篇发言的题目叫《打一场母语保卫战》。原文有1800多字，但删改后的考试文只有不到1000字。

我采用原文和考试文对比的方式，来说明刀砍斧劈后专门用于考试阅读的文章经常存在的两个问题。

第一，删改后用于考试的阅读文章常常语言简陋，干瘪无味。

原文：

对于语文课程改革，不少行家从理论和实践结合的高度提出许多精辟入里的看法和切实可行的做法，开阔教师思路，推动教学实践，我是十分赞成的。但我心中总是郁结着两个病痛，难以排解，现不揣冒昧，提出来请各位指教。

考试文：

面对语文教学改革，我一直在思考两个问题。

原文百余字的一段话简化为考试文二十几个字的一句话。简则简矣，但不仅大量信息丢失了，而且语言的味道也荡然无存。

原文在谈语文教学改革这个问题时，不是直通通地生硬地说自己在这方面一直在思考两个问题，而是首先表达了对相关专业人士在语文教学改革方面的努力的肯定，对他们所取得的成绩表示由衷的敬意。这种肯定和敬意不是一般的常见的空话套话，不是简单地说各位都做得很好，我很赞成。而是从"理论"

和"实践"两方面来谈,对应后面的"精辟入里的看法"和"切实可行的做法",这些看法和做法,有助于"开阔教师思路",有助于"推动教学实践"。所以,"我是十分赞成的"。这样的肯定和敬意让听者觉得有的放矢,发自真心。

接下来话锋一转,谈自己心中总是"郁结着两个病痛",用"病痛"形象地表达了相关问题对自己的巨大影响,用"总是郁结"和"难以排解"这样的词就更体现了影响之深。而"不揣冒昧,提出来请各位指教"则充分表现出这位语文名师谦逊的品格。

虽然佛家有言"芙蓉白面,不过带肉骷髅",但只要是一个正常的人,我们都还是喜欢欣赏绝色美女,而不是欣赏骷髅吧,除非是审美变态或者是像藤野先生那样的骨学教授才会对骷髅感兴趣。可我们为什么要给学生不断展示考试文这样的"骷髅",我们老师自己以制造骷髅为能事,还要求学生认真研究,而不是让他们去欣赏原文这样的"绝色美女"呢?

第二,删改后用于考试的文章,常常语言逻辑断裂,前言不搭后语。

原文:

在相当数量的中学,尤其是高中,母语学科教学已经从第一位降到小四子、小五子,这是不争的事实。因为语文还要高考,否则还要往下滑。语文要靠积累,无法急功近利,突击无什么效果,只得"让路"。学生呢?根据多处抽样调查及实地观察,学生对学语文无兴趣,对语文课既不反对,也不喜爱,抱着无所谓的态度。冷漠,可怕的冷漠!外语学习呢?却另是一番景象:不仅在校内读,校外补课与家教比比皆是,花的时间、投入的精力比学语文不知要超出多少倍。这不仅由于外语是考生心目中的高一级学校的敲门砖,更高悬着获取大利的远景。在当今时代,改革开放,走向世界,当然要学好外语,这是无可厚非的。问题在于不能重外轻内,奉外贬内,把学习母语放在不屑一顾的位置。

考试文:

在相当数量的中学,尤其是高中,母语教学已经从第一位降到小四子、小五子,这是不争的事实。因为语文还要高考,否则还要往下滑。调查显示学生对学语文无兴趣,态度冷漠。外语学习呢?却另是一番景象:不仅在校内读,校外补课与家教比比皆是，花的时间、投入的精力比学语文不知要超出多少倍。学好外语，无可厚非。问题在于不能重外轻内，奉外贬内，把学习母语放在不屑一顾的位置。

通过原文和考试文的对比，可以非常清晰地看到哪些部分被删掉了。而这些删改造成了严重的语言上的逻辑断裂。

比如，"因为语文还要高考，否则还要往下滑"这句话，原文对这个结论有进一步的补充说明，是因为"语文要靠积累，无法急功近利，突击无什么效果，只得'让路'"，而考试文中缺少这句话，显然这个结论生硬地摆在这里，过于突兀，缺少说服力。

再比如，考试文中用"学好外语，无可厚非"这样的八个字替代了原文中的六七十个字。显然，这种替代非常牵强，凭什么你说"学好外语，无可厚非"就"无可厚非"呢？有这样的结论一定要有充分的理由，而原文中正提供了非常充分的三点理由："高一级学校的敲门砖""获取大利的远景"和"改革开放，走向世界"。

我们要求学生说话或者作文，一定要思维清晰，逻辑清楚。但我们给他们读的东西，要求他们每天认真学习研究的东西，如果都是这样一些逻辑断裂，前言不搭后语的文章，怎么可能让他们有清晰的逻辑呢？所谓"取法乎上，仅得乎中"，可我们现在是"取法乎下"，难道我们指望学生沙里淘金，基因突变吗？

语文教育"少慢差费"，其中一个很重要的原因就是不扎扎实实地读优秀的原作，而用做考试阅读题来代替真正的阅读。试想，如果学生对经典原文好在哪里都能分析得头头是道，对于考试文这样的烂文章，难道还会读不明白，无从下手吗？

也许，有人会觉得以一篇文章为例，不足以说明所有的考试文章都存在这样的问题。而且，很可能是你个人能力不足，所以，才会导致这样的问题。

如果你是个有心人，能有意识地找到相当数量的原文和考试文对比一下，不难得出和我相同的结论。

只不过是有的考试文删改得好一点，有的删改得差一点罢了。但如果原文质量很高，经过删改，压缩了大量的文字之后，一定会出现我所谈到的这两个问题。

这两个毛病不仅仅存在于模拟题之中，一样也存在于各种真题之中。从某种程度上来说，不是命题人不努力，而是受限太多，螺狮壳里做道场，完全施展不开。

和中、高考真题的命题专家不同，绝大多数一线老师根本就没有命制真题的机会。如果要求每位一线老师都学会命题，那就要有个模仿的对象。于是，命题的训练，就变成了对真题的模拟，甚至是对模拟题的模拟。模拟的过程，又因为功利性的原因，奉真题为圭臬，不敢越雷池一步，生怕和真题不同，哪个考点没给学生训练到，负担不起这个责任。结果是永远都跟在真题甚至是模拟题后面跑，永远都没有机会超越。

提出"语文老师的实力在命题"这样的口号，并通过给每位老师下达具体的命题任务把这个口号落实到位，在我看来，至少有这样两点危害。

大而言之，严重拉低语文教师的境界与格局。小而言之，严重混淆对语文老师必备素质的认知。

"师者，所以传道受业解惑也！"所有老师都当以此为己任。语文教学是母语教学，母语承载着一个民族的历史和文化，作为优秀传统文化的重要传播者，语文老师更要义不容辞地承担这一重任。如果简单粗暴地提出"语文老师的实力在命题"这样的口号，无疑是改变了评价一位老师是否优秀的重心，不但是对老师的伤害，更是对孩子的伤害，一个缺乏境界和格局的老师，怎么可能培养出大境界大格局的学生？

境界与格局比较高蹈宏阔，就像是"诗与远方"一样，不容易说清楚。姑且置之一旁，不做更多论述。只从小的方面来说，"语文老师的实力在命题"这样的口号为什么会严重混淆对语文老师必备素质的认知。

把语文老师的实力定位在命题上，是没有抓到问题的根本。我以为大量读书是语文老师必备的素质，是语文老师的实力体现。虽然这不是唯一的素质，但一定是最为重要的素质之一。说大量读书是基础中的基础，一点也不为过。和命题相比，两者完全不在同一个层面上，读书要比命题重要得太多了。

关于读书有什么样的好处，我不想泛泛而谈。请允许我把问题进一步聚焦，着重谈语文老师的读书和命题之间的关系。

第一，只有多读书，才能加深对语文本身的理解，对一份试卷质量的高低才有比较清晰准确的判断。

语文涵盖极为广泛，考试所能涉及的只是语文中的一小部分。很多语文能力和素养无法通过考试来体现，而这些能力与素养又真实存在。只有语文老师有了这些能力和素养，同时，又对这些能力和素养的形成规律有自己的认识和思考，才可能更好地引导学生发展。

即使就局限在考试命题，也只有多读书，才能知道哪些能力和素养是考试必考能考的，哪些是不必考也无法考的。评估一份试卷是否科学合理，不仅仅需要关于考试本身的研究，还需要大量的周边知识和能力，如果缺乏这些能力，对什么样的试卷是一份好试卷，尚且缺乏清晰准确的判断，怎么可能命制一份高质量的试卷呢？

第二，只有多读书，才能成为一个具有较为广博知识的"杂家"，而一个杂家对于考试命题而言又极为重要。

语文老师要是一个"杂家"，很多周边知识和能力不一定精通，但一定都要知道一点；不能"两耳不闻窗外事，一心只读圣贤书"，既要读圣贤书，又要闻窗外事。这样，才有可能在具体的语文教学过程中，比较从容面对学生的各种问题，不只是语文方面的问题，还有人生中遇到的种种问题。

即使局限于考试命题，也要多读书，要多了解时事。要知道国家的大政方针，要知道诸如中共中央办公厅、国务院办公厅印发的《关于实施中华优秀传统文化传承发展工程的意见》这样的文件说了啥，对考试有什么样的影响，要知道诸如大众创新、万众创业、工匠精神、共享经济，乃至部署萨德导弹引发的抗议等，才能够在命题中体现多学科的整合，体现对社会热点的把握，体现语文的广泛应用。

第三，只有多读书，才有可能在命题中做到不仅仅是形似，而且是神似。一个真正的高质量命题，不仅仅是仿其形，更要抓住其神。

语文考试的题型千变万化，但是，其中所考查的能力不可能千变万化。从大的方面来说，只有非常有限的能数得过来的几个：提取信息、归纳概括、推理分析、形成解释，评价鉴赏等。只有大量读书，具备相应的能力，才有可能透过现象看本质。

不妨举两道考题来说明。

1.根据下面文字的内容和表达的需要，在横线处补全标题，最恰当的是（　　）。万里长江横巨坝，＿＿＿＿＿＿＿＿＿＿。

2006年5月20日14时，随着最后一方混凝土入仓，三峡大坝浇筑到顶。毛泽东主席"更立西江石壁，截断巫山云雨，高峡出平湖"的伟大畅想变为现实。大坝建成后，防洪标准可以从十年一遇提高到百年一遇，千年一遇的洪水可以得到有效控制，发电和航运等综合效益也将得到全面发挥。

A.锦绣大地笑颜开　B.银龙卧波美如画

C.万吨巨轮通四海　D.千秋伟业耀神州

2. 结合语境，填入横线处最恰当的一项是（　　）。

（北京市2006年中考题，参考答案：D）

北京奥运会的圣火跨越了千山万水，传遍了五洲四海。无论哪个民族、哪种文化、哪种信仰的人们，都会从奥运圣火的传递中，感受到它彰显的进取精神，领悟到它承载的友谊信息，体会到它倡导的和平宗旨。"圣火"的传递，

＿＿＿＿＿＿＿＿＿。

A. 让世界各地了解北京奥运，把世界人民汇聚到五环旗下

B. 表现了北京奥运会的特色，把世界人民汇聚到五环旗下

C. 让世界各地了解北京奥运，弘扬了和平与友谊的奥运理念

D. 表现了北京奥运会的特色，弘扬了和平与友谊的奥运理念

（北京市2008年中考题，参考答案：A）

以上两道试题，虽然在形式上不一样，但均考查到了语段分层、归纳概括、句式一致等多种能力。虽然题干说法不一，但应该透过变化的现象看本质，所考查的能力并无不同。所谓"内容和表达"其实就是"语境"。

如果不能做到这一点，只是仿照着 2006 年这个所谓对联的形式来命题，结果会怎么样呢？内容上不能匹配，表达上不合要求。这样的情形在各种模拟题中比比皆是。

第四，只有多读书，才有可能从试题的圈子中跳出来，既能把试题本身弄明白，又能不拘泥于试题，随时随地从中牵出更有价值的问题来。

因为要模仿命题，所以，就常常是真题做成了什么样的，也就跟着做成什么样，不敢越雷池一步，不敢有新的拓展；实际上却因此损失了很多有价值的问题。

还是举例来说明：

中国古代建筑与世界其他地区的古代建筑相比，有它鲜明的特点：除了以木构架为主要的结构体系以外，建筑的群体性也是重要特点之一。中国古代建筑的群体性表现为一个建筑往往是由许多单幢建筑组合而成的，从老百姓的住宅到皇帝宫殿莫不如此。明清两代紫禁城中的太和殿，作为当时地位最重要、规模最大的建筑也就是一幢平面为长方形、内部也没有分割的单层大殿。然而，就是这些简单的单幢建筑组合成紫禁城这个建筑群体。

上面这一段文字是北京市 2008 年中考说明文《小品建筑》中的第二段，在说建筑的群体性，当年北京市的命题是要求理清这一段的说明层次，这是一道不错的试题。

但如果跳出对试卷难易度的要求的选择，完全可以有另外一个更具有思维力度的问题。问这一段文字删掉是否可以。因为这一段根本没有涉及任何关于小品建筑的信息，会让学生觉得比较迷惑，甚至我曾听到有些老师也有这样的疑问。

如果把这一段放在全篇来看，就会很清晰地看到，不在这一段说清楚建筑的群体性，就不可能接下来说清楚什么是"相对独立"这样一个小品建筑的特征。这一段为接下来的说明做了不可或缺的铺垫。

这个问题和真题中的理清层次，在考查能力的点上并无太多不同，都需要有很好的逻辑能力。但在能力要求上，又明显比真题高一个层次。设想，如果面对这样有相当难度的问题，能够给予学生足够的引导，那学生在面对简单问题的时候，毫无疑问可以应对裕如。

第五，只有多读书，才能跳出唯考题是从，甚至把考题奉为圭臬的情形，而是发现其中存在的问题，并把这个问题扩展开来，引导学生做更深入的思考。

在命题讲题的过程中，只是关注如何教会学生把文后的问题做对是远远不够的，还要关注文章本身的逻辑是否合理。

还是举例来说明：

①当代大画家李苦禅撒手人寰驾鹤西游的时候，我的老师许麟庐正在山东旅行。许老听到噩耗，立即登车，直奔北京。到了苦禅灵堂，满头白发的老人，长跪不起，恸哭不止。他和苦老，同是齐白石大师的弟子，手足之情，比一奶同胞还亲。师兄师弟，年轻时在白石先生左右，一个是左膀，一个是右臂。贫困的时候，他们一个烧饼掰作两半儿充饥。艺术上更是志趣相投，画画儿画疯了的时候，两个人一夜之间画一刀纸，一百张，酣畅淋漓。这会儿苦老一去不归，许老恨不能跟随而去。那哭声，真是撕心裂肺，好几个年轻人才把他从灵前拉起来。透过老人迸溅的泪花，我能感受到两位画家半生坎坷、相濡以沫的深厚情感，感受到这种渗透着深深文化气息的友谊是何其珍贵。

②第二天，许老到我家来，进门就说："静霆啊，苦禅兄走了啊……"接着又号啕起来，这回是在"家"里哭，而且当着我和我妻子的面儿。许老失去了大师兄，那种绝望的悲伤，那种真情的倾泻，让我永生永世都忘不掉。

以上两段文字是北京市 2012 年中考语文记叙文的前两段。第一段最末的一句话应该放在第二段末尾。事实上，原文也正是如此。而现在这样的变动，从逻辑上完全说不过去。因为"透过老人迸溅的泪花"这是一个需要静态观察下才能发现的细节，是要"当着我和妻子的面"，静静的状态下才看到的，而不可能是"好几个年轻人才把他从灵前拉起来"这样的较大幅度动作状态下所能观察到的细节。

这样的改动，使得文章描写失真。而我们学生的很多作文，之所以看着就觉得"假"，正是因为在这样的一些细节上，不符合真实的逻辑。由这样的例子延展开去，老师完全可以结合真正的名著，给学生讲一讲，在细节上也要符合逻辑，也要一丝不苟，也要符合真实的重要性。

对于一个语文老师而言，我以为对学生最好的引导是自己也多读书，而不是自己多命题。老师自己不读书，却不停地劝诫学生要多读书，所谓的劝诫也并没有真正落到实处，而是用做阅读题或者把名著变成练习题的方式来代替真正的阅读，这是目前语文教学中存在一大怪现象。

事实上，不读书也没有让我们的老师闲下来，他们把更多的时间和精力投入到出卷子、讲卷子、批改卷子的过程中了。在成堆的卷子当中慢慢老去，难道不是非常悲催的事情吗？人生不长，光阴宝贵，要把最宝贵的光阴用在最值得投入的事情上，多读书是根本，而命题的能力在一定程度上则只是多读书有了更强健的大脑之后的副产品而已。

说到底，我并不反对老师研究命题，甚至自己命题，如果能够通过研究命题，自己命题，摸清命题规律，真正减轻学生和老师自己的负担，也是一件大好事。怕就怕在不读书，不思考，每天陷在一堆烂题之中，自己再出一堆烂题，既折磨学生，也折磨自己；怕就怕在不读书，不思考，用考试的阅读代替真正的阅读，用反复的机械训练代替真正的读书思考。

不是原创命题就高大上，原创命题搞不好反而变成矮穷矬，贻笑大方。如果一个老师本身对试题研究的水平有限，他就不可能命制出高明的试题来。非但命制不出好题来，甚至因为消耗了太多时间精力在这上面，耽误了扎扎实实开展正常的教育教学。

教育学生，不能拔苗助长；要求老师，也不能拔苗助长。一切都要从实际出发，唯有实事求是，遵循基本的教育教学规律，才可能达成更好的效果。

那么，对于一线教师而言，更为可行的要求是什么呢？

我以为仍旧是回归传统，要求老师深入钻研试题。通过深入研究试题，努力达成这样两个目标。

其一，要有本事在一大堆各种各样的试题中挑选出最优质的试题，要能够看清这些试题的来龙去脉，能够举一反三，以此来指导学生备考。

其二，还要有本事从这些优质试题中跳出来，即使不讲试题，也能在日常的教学中处处暗合考试需要的能力，让学生在自然而然的学习过程中提升能力。

当然，也不是说一线老师就不能去尝试命题，而是说先站稳，再尝试着走；先会走，再尝试着跑。要知道，在命题这方面一刀切的要求，受到损害的不仅是老师，更是学生。

"以赛代练"与"以考代学"

在体育竞技领域，近年"以赛代练"这个词挺火。

以前是注重拼命训练，但比赛偏少，临场应对能力不足。队员到了真正的比赛一上场，就很难应对各种突发的状况。"以赛代练"，可以培养队员适应大赛的心理，也可以通过比赛找出不足，看到差距，尽快调整和改进。

"以赛代练"从体育竞技的角度出发，确实有很强的科学道理在里面，所以，相当程度上值得提倡和鼓励。当然，凡事有度，只有"赛"没有"练"也不行，日常还要踏踏实实地训练，这样在"赛"的时候，才有可能把"练"的成果拿出来。

那么，如果体育竞技中的这个被认为行之有效的方法搬到学校来，在学校"以考代学"行不行呢？

近年来，学校的考试是越来越多了。老师频繁祭出考试这个"法宝"，甚至让学生应接不暇。除了原来的期中期末考试之外，还有月考乃至周考，甚至是随堂测，有一些学校提出的口号是"堂堂清""周周清""月月清"，各种练习卷子满天飞。

这种考试不断，甚至"以考代学"，或者更准确地说是"以考促学"，以考试作为主轴抓一切的学校教育方式，也算是教育领域中的一种"以赛代练"吧。

既然有考试，学生就要为了每一次考试准备，甚至连一个期中考试，也要在班级板报中打出倒计时的牌子来。"备战期中考试，距离期中考试还有 ××天！"一种大战在即，满眼硝烟的味道。

不仅学生要准备，老师也要准备，要给学生提供各种复习备考的资料，诸如考试范围，考试练习，考试指导等。

那种"以考代学"或者"以考促学"的效果如何呢？关于效果的评定可能每个人站的角度不同，所得出来的结论也不同。

有些老师，会觉得有些学生不考就不学，考还能学一点儿，至少有一定促进作用。

有些老师，会认为通过频繁的考试，能够促进落实，把成绩搞上去了，自然是效果良好。

也有一些老师，包括我在内，会觉得这样干是有问题的。

如果说初、高三，做一些集中的复习，在一定程度上还能让人理解。毕竟到了一锤定音的时候，需要精雕细琢，通过考试的训练更上层楼。但如果不是初、高三，非毕业年级也要这样干，也要频繁地考试，是不是有一点儿过了呢？

在二十世纪五六十年代，竞技体育领域有一个非常有名的训练原则，叫"三从一大"，即"从严、从难、从实战出发、大运动量训练"。这个训练原则最早由中国体育界于 1964 年在学习郭兴福式教学法的过程中提出，在中国早期竞技体育的发展中起到了很大作用。在早些年，我国的很多世界冠军就是在"三从一大"思想指导下获得的。

但是，近年来，许多体育界人士要求对该训练法进行反思，希望能将科学训练法与之结合。有一些运动员，包括很多著名运动员，因为"三从一大"，造成了影响职业生涯的不可逆转的伤病，不得不提前退役。有一些运动队，过度训练，造成伤兵满营，竞技水平下降得很厉害。

在学习领域，我们还习惯于以革命时期的口号来鼓劲，要"下定决心，不怕牺牲，排除万难，去争取更大的胜利"。还习惯于以一些已经过时的，或者至少需要改进的思想模式来指导学生学习，这样是不行的，需要与时俱进。"以考代学"或者"以考促学"在短期内可以有较好的效果，但从长期来看，会造成很多不良后果。

不断的过多的考试，会完全打乱正常的学习节奏，把日常本应该更为系统、更为深入的学习，变得碎片化。

考试毕竟范围是有限的，难度也是有限的，如果只是针对这有限的范围学习，针对特定的难度学习，就必然妨碍学习过程中的扩展和深入。

考试频次大幅增加，会在潜移默化中增强学习者的急功近利心态，变成了"考什么学什么，不考就不学"，认为只有考的，才是有用的，不考的就是没有用的。这样简单的二分法，使得学生在学习时条块分割，对不考试的科目不重视，对不考试的内容不重视。

为了改变这种状况，体现对学科的重视程度，诸如音体美等原来不考试的学科，现在也要逐步进入考试，计入成绩。结果变成了"不考则不学，一考就变态学"，更进一步加重了学生的负担，完全偏离了真正应有的学习路径。

考试过多，过分强调动机，反而会使得学习效率大幅下降。心理学中的耶克斯 - 多德森定律值得关注。

> 耶克斯 - 多德森定律（Yerks-Dodson Law）表明，各种活动都存在一个最佳的动机水平。动机不足或过分强烈，都会使工作效率下降。研究还发现，动机的最佳水平随任务性质的不同而不同。在比较容易的任务中，工作效率随动机的提高而上升；随着任务难度的增加，动机的最佳水平有逐渐下降的趋势，也就是说，在难度较大的任务中，较低的动机水平有利于任务的完成。

事实上，学习本身，属于高智力的活动，并不应该过分强化动机。学习过程中，动机的过分强化，并不能真正提高效率，反而会降低效率。

"学而时习之，不亦说乎？"从考试角度来说，没有学生不知道这句话是什么意思，都知道"说"通"悦"，意思是："学习并且不断实践，不是很快乐的事情吗？"但是，换一个角度，大多数人的真实感受是"学而时习之，不亦苦乎"，而不是"不亦说乎"，这又是为什么呢？

因为，这个学习中的"悦"是在对未知领域的不断探究中获得，要在探究中发现学习的乐趣。而大量的考试，过度的训练，必然会磨蚀对未知领域探索的精力和热情，停留在已知的简单重复上，怎么能不苦呢？

体育竞技领域中的一些思想在体育竞技领域有效，但照搬到学习领域就不一定真正有效。因为两者毕竟存在比较大的差异。

既然学校是在抓教育，是在抓学习，那就要干符合教育规律的事，符合学习规律的事情。而不能打着抓教育、抓学习的旗号，去干违背教育规律，违背学习规律的事。

老师的"严"和学习的"苦"

教育领域有很多常用词，这些词一提起来，似乎大家都耳熟能详。但是，实际上每个人对这些常用词的理解并不相同，甚至可能同一个词在理解上就相差十万八千里，完全风马牛不相及。

今天要拣选出其中的两个来谈一谈，一个是"严"，一个是"苦"。

先说"严"的问题。

"这个老师特别严"，这样的话我们常听到。而且，因为我们有"师道尊严""严师出高徒"的认知传统，所以，常常把"严"与"负责任"画等号，而且"严"常常带来好成绩，于是又由此认定一个"严"老师就一定是个好老师。

不是有很多人为"当年管你最狠的老师，其实爱你最深"这样的流行话语叫好吗？不是有很多人为"希望孩子能遇到手中有戒尺，眼中有光芒的老师"这样的网文点赞吗？

我不反对老师的"严"，但老师的"严"应该有爱做底色，老师的"严"应该有"度"做标尺。抛开了这个底色，抛开这个标尺，一切所谓的"严"都不能和"负责任"和"好老师"挂钩。尤其不能把"严"和"狠"混淆在一起。

记得我小学三年级时，第一次全县统考，考试结束，站在几个老师旁边，听他们议论试题。说到某一道题时，我忽然哎呀一声，说那道题我做错了。没想到的是，班主任老师具体情况都不问，穿着三接头的大皮鞋就猛地给了我一脚，把我踢了一个大跟头。后来，那次考试成绩下来，偏偏是我考了全年级的第一名。多少年过去了，对考的什么题，得到了什么奖励，我全都不记得了，但至今让我一想起来就不舒服的是那让我摔了跟头的一脚。

前几天，看到新闻中一位河南的小学教师，让班级中没有订牛奶的学生站在讲台前，看着别人喝，并拍了视频传到家长群里。以这样的说一不二的态度来看，这个老师也一定是一个以"严"著称的老师吧。但看着那一群缩在讲台上的孩子，看他们无辜的表情，我的心都在流血。这样的老师不只是不配做老师，甚至连做人都不配。

我常常在公众号后台中收到各种留言，讲老师怎么为了班级整体的好成绩，以羞辱或者体罚的方式对待学生。例如，将教室中的位置分为三六九等，以此将学生三六九等地区分开来。这样的措施常常带来整体成绩的提升，也确实让部分好学生受益，但很少有人会关注对另外一部分学生造成的无形伤害。

这些老师又常常是所在学校的标杆式的人物，是优秀教育工作者的代表。这也是"严"，但这样的"严"不要也罢，因为那不是教育，而是管教。

我很怕家长对我说："老师，孩子就交给您了，不听话，您踢他两脚，打他几巴掌，我们家长都没意见。"我不愿意用外在的惩戒或者威胁所带来的力量，满足于家长或者学生的短期成绩提升的需求，尤其不愿意打着"我都是为你好"的旗号来强迫他们。

我更愿意关注孩子内心的成长，他们要成为一个不依附于他人，能够独立思考，独立判断的个体。教育是要培养独立自主的"人"，而不是培育受制于人的"奴"，而这些，仅仅依靠"严"，仅仅依靠"戒尺"是无法达到的。

我们要学生敬畏的不是老师的"严"，也不是老师手中的戒尺，而应该是"头顶的星空和心中的道德律"。

再说"苦"的问题。

"学习就是吃苦，你现在不吃苦，将来怎么能享福。"这句话也常常从老师的嘴巴里，从家长的嘴巴里蹦出来，成为教训孩子的金句。因为这也有"吃得苦中苦，方为人上人"的传统来支撑。

但细想一想，学习真的就是吃苦吗？如果一件事情一直是苦的，需要我们用怎样非凡的毅力才能坚持下来呢？也许我们可以设定一个所谓的目标作为动力：一个好大学？或者是一个好工作？但如果目标实现了，那我们还要学习吗？因为如果没有一个特别的理由，"苦"总是很难让人愿意主动去吃的。

我们常常一方面感叹着现在的孩子学习太苦了，另一方面，又不断地训诫孩子不吃苦就学不好。看似矛盾，人人又都习以为常。甚至为了找到更充分理由，来慰藉自己矛盾的心理，还看到很多文章谈欧美的学生也是起五更爬半夜，所以苦是必须的。

我们经常会听到一些消息，因为不适应国内的学习压力，在中、小学阶段就选择出国的孩子，虽然去了国外学习压力也不小，但原来不爱学习的孩子变得爱学习了，甚至完全变了一个人，从原来的信心全无，到信心满满，从原来的一提学习就满脸愁苦，到学习起来热情高涨。为什么会出现淮南为橘，淮北为枳的情形呢？

我以为，我们在无意识中把"苦""累""厌"三者完全画等号了。"厌"会让人有"苦"的感觉，"累"也会让人有"苦"的感觉，但是两种"苦"又大不相同，前者的苦，会令人觉得苦不堪言，后者的苦，则可能会苦中有乐。

现在的学校常常为了眼前短期的成绩，反反复复地机械训练，于是不可避免地令学生产生对学习的厌烦之感，这种厌烦之感，令人无处逃避。而老师和家长又反复强调学习是"苦差事"，学生便会自觉不自觉地把这个"苦"和他的"厌"等同起来。而一旦厌烦一件事，怎么可能把这件事做好呢？

如果换一个思路，虽然每天学习时间也很长，虽然每天也很累，但是从学习中找到了探索的乐趣，找到了求知的乐趣，那这种由累而带来的苦，还会让人觉得苦不堪言吗？一定不会。非但不会，反而会因为在这种由累而生的苦中寻找到一种满足感，一种愉悦感，而正是这种满足感，这种愉悦感，才构成推动一个人不断前进的动力。

所以，不要轻言学习是"苦差事"，我们不能引导孩子发现学习中的"乐"，反而不断地强调学习中的"苦"，急功近利，机械训练令孩子对学习生厌，直至痛苦难耐，那不是学习的错，不是孩子的错，而是成人的错，是教育的错。

其实，教育中还有很多这样的常用词，看似人人都懂，实际上却似是而非。孔子说："名不正，则言不顺，言不顺则事不成。"对于这些教育中的常用词，当我们用到它的时候，实在应该小心才好，实在应该三思才好。

深入理解考试本质，努力创新考试形式

　　我曾经提倡和探讨过关于在中小学教育阶段减少考试次数，尤其在平时的教学中，少考甚至不考的问题。虽然我已经尽力就这一观点进行了较为深入的论述，但仍然有很多人纠结，如果不考试怎么办。

　　之所以会有这种纠结产生，直接原因是：很多人已经习惯了用考试来把学生区分出三六九等，从未深入思考除了考试还有怎样的办法。根本原因是：对考试的本质和考试的形式等问题缺乏深入思考，只看到了单一的形式，只知道在考试数量上做文章。

一

　　我们现在谈到考试，常常想到的最典型情境就是纸笔测试，老师命题，评卷计分。大多数人会认为只有这样才叫考试，但除此之外，考试还有其他形式吗？

　　考试：通过书面或口头提问等方式，考查知识或技能。——《现代汉语词典》

我们看《现代汉语词典》中关于"考试"的定义，除了书面的也就是我们通常理解的纸笔测试之外，还有口头提问这样的形式。另外，我们很有必要在"等"这个字上深入琢磨一下，想一想是否还有更多的形式，比如，实操，答辩……

不妨举一些例子来说。

春天的北京时常有沙尘暴来袭。一次，正逢准备上课，狂风大作，碗口粗的树木被吹得东摇西晃。我灵机一动，借着这个情境，组织学生在课上玩起了以"风"为关键字的飞花令。

这一节课，虽然没有纸笔测试，但在我看来，这也是一次考试。而且，这个考试远比纸笔测试效果要好得多。通过飞花令的不断深入，可以很清楚地看到哪些学生具有丰厚的积淀，哪些学生的积累远远不足。

而如果只是通过纸笔测试，只要求默写诸如"夜来风雨声，花落知多少""忽如一夜春风来，千树万树梨花开""昨夜雨疏风骤，浓睡不消残酒"等，就会因为测试内容的数量有限，深度有限，远远达不到这样的效果。

又比如，不一定非要老师命题，学生答题。可不可以学生提问，老师答题呢？这也应该成为一种考试形式。通过学生的提问，一个有经验的高水平的老师，就可以马上判断出学生的实际水平如何，思考问题的深度如何。除了学生提问老师，生生之间在特定要求下的互动考查，也能达到很好的效果。

再比如，评卷计分通常谁得分高谁是优胜者，能不能来一次考试，看谁得分最低，谁就是优胜者呢？如果是几十道选择题，都必须避开正确的选项，那也需要深入思考才能做得到吧。

还比如，是不是非要针对全体学生进行测试，或者指定被试人员名单呢？旁观者可不可以也成为考试的参与者呢？我带学生看《中国诗词大会》时就发现了这个问题。虽然不是学生自己站在舞台中央，但是他们参与的热情，投入的程度一点都不亚于参赛选手。这个过程我只要细细观察，就能够很清楚地看到每个学生的水平如何。

只要有意识深入思考，跳开考试，就是纸笔测试的思维定式，你会发现考试可以有无数种形式。只要想办法激发学生的挑战热情，通过引导他们通过完成特定的任务，看出学生的水平如何，从广义上来说都是考试，而且都可以达成我们通常认定的狭义的考试想要达成的目的。

二

除了狭隘地把考试理解为纸笔测试之外，现在考试中还存在一个问题，就是无论是不是毕业年级，在考试时，都要自觉不自觉地对标中、高考。而且，老师们还常常理直气壮地表示：这就是中考或者高考要考到的试题，现在不练怎么行？

真的不这样考，不这样练就不行吗？

须知，考试所考查的能力有限，而题型无限。与其追题型，不如追能力。因为考试题型发生变化，学生就手足无措，这样的事情不是一次两次，在一地两地发生了，但依然不能吃一堑长一智，依然埋头苦干，依然抓着各种题型猛练一通，这就有一点不可思议了。

以语文为例来说明这一问题。

不管中、高考题型如何变化，无非就是要考查听说读写的基本能力，考查在具体语境中解决问题的能力。只要抓住了这些基本能力进行训练，哪怕不是紧扣所谓题型，其实也不必担心。因为一旦学生具备了相应的能力，他就可以"一力降十会"，不管题型如何变化，都能从容应对。

比如，关于词语运用是否得当的问题，在中、高考中都会涉及。但这个能力实际上从小学语文学习伊始就开始培养了。

最初是学习单个字的音、形、义，然后是组词，再然后是造句。这个学习过程中，老师常常要求学生进行简单的抄写练习，最多也就是要求指定某一些词语进行造句。

但我在十几年前教小学五、六年级时，则不是这么处理。我要求学生进行连词成段甚至连词成文的练习。每次圈定若干新学习的生词，要求他们将这几个看似完全不相干的词语连成一段话。刚开始，学生因为习惯于单个词造句，让他们用几个不相干的词写一段话是很为难的事情。

于是，最初，有学生这样写：

> 今天，老师让我把 ×× 、×× 、×× 、×× 这几个词组成一个段落，我实在想不出来，于是我就只好如实写了这样一段话。

这样的写法我特别拿出来表扬一番，因为这个同学有创意。既符合要求，又简单明了。

但接下来，有其他同学偷懒模仿这样的写法，我就对他们说："十九世纪，英国作家王尔德曾经说过这样一句话：'第一个用花比美人的是天才，第二个用是庸才，第三个就是蠢材了。'人家的第一个写法是创意，而你再仿着来写，那就是山寨了，要拿出一点儿真本事来。"然后，就有学生通过想象，把老师要求的几个词语连缀在一起，写了一小段话。这样的写法，我也要特别拿出来表扬，因为他突破了之前的用单独一个词造句的束缚，向前迈出了一大步。

再接下来，我又鼓励他们不但写一个小片段，而且，看谁有本事用指定的几个词编写一个故事。等学生能自如地编一个故事之后，我又会有进一步的要求，看谁能不是虚构一个故事，而是依据现实来写作，看谁能在文章中不只一遍用指定的词，而且能在不同的语境之下，多次使用，看谁不仅仅写出一个故事，还有一个好的主题，体现对生活的深度思考，等等。

在这样一步步深入引导下，学生中形成了一个写作的热潮，大家要比着看谁写得好，写得长，写得妙。

通过这样的方式，学生不但牢记了词形，还在实战中掌握了词语的准确运用能力，而且，还锻炼了写实和想象等不同方面的写作能力，促进了对问题的深入思考等。

如果学生扎扎实实地拥有这样一些能力，那中、高考的时候面对那些所谓变化了的题型，他们还会不知所措吗？

退一步来说，即使是让学生完成中、高考题型的考试，只要不是期中、期末这样年级统一的大考，在平时的班内纸笔测试，我都会有不同于常规考试情形的要求。

比如，现代文阅读，凡是在答题纸上写得密密麻麻，试卷上却干干净净，没有任何痕迹的学生，我都要在讲评试卷前专门拿出来批评一下。

为什么？

我告诉学生，你们不要一门心思地埋头苦干，要多抬头动脑想一想。我要求你们做这些现代文阅读的目的，绝不是要看你们写出个答案，然后判卷给你们一个分数就完了。而是要看你们的提取信息的能力、归纳概括的能力、推理分析的能力、评价鉴赏的能力，等等。

所以，如果答案就是原文原句，我们有什么必要抄下来呢？我又不是在看你们的书写的能力，你们只要在文章中圈画出来就可以了。如果答案不全是原文原句，有一些词句能借助原文，那就把原文中的这些圈画出来，前后加上一些必要的词语串起来就行了。干吗要浪费那么多的时间，费那么大劲儿抄下来呢？有那个时间，有那个精力，多读一点书，多思考一些问题不好吗？

考试虽然是在学校中最常见的活动，但是不能因为常见，就熟视无睹，就习焉不察。对为什么考、考什么、如何考等问题，需要不断地深入思考，不断深入实践才行。

教育主要是脑力活动，而不是体力活动。老师应该多动脑，也应该教会学生多动脑。不要为了中、高考，老师把自己沦为日复一日，年复一年机械操作的产业工人；也不要为了中、高考，把学生变成流水线下统一规格，批量生产的产品。

文理学科，绝不该割裂开来

虽然上课铃已经打响了，但是有相当一部分学生还在奋笔疾书，他们在做数学题，在做物理题，在做化学题，在做……对于上课的铃声甚至完全没有听见，抑或只是装作没有听见，甚至有相当一部分学生就这样一节课都在忙碌着完成这些练习和作业。

这是当下文科老师课堂上特别常见的情形，也是文科老师不得不面临的尴尬情形。

必须承认，这种情形的出现，有其合理性，因为相比于文科来说，在基础教育阶段的学习中，对学生而言，完成那些理科的练习，更有看得见摸得着的成就感，更为实实在在，但文科的学习则很难如此。

面对这种尴尬的情形怎么办？要比好勇斗狠吗？看看谁布置的作业更多，看看谁更严厉，通过这样的方式把学生"争取"过来，或者更准确地说看看谁能把学生的时间抢占过来吗？

但这样做真的有用吗？可能用处并不大。相当一部分学生在学习过程中，变成了哪个老师更狠一些，就先完成哪个老师的作业，哪个老师稍微松一些，就拖延哪个学科的学习。

短期来看，似乎某一学科因为老师要求更狠一些，学生花费的时间更多一些，这个学科就占了便宜。但长期来看，学生并没有真正建立起对该学科的兴趣，一旦强制性的外力撤除，持续性学习也就成为一句空话。

如果无用，甚至适得其反，那我们该怎么办？要王婆卖瓜，自卖自夸吗？自己说自己的瓜好吃，很多时候总不能让人完全信服。

面对这样的尴尬情形，我给学生分享了三段故事。

故事一：

几十年前，那时候的高校还没有单独招生政策，曾担任复旦大学校长的一位著名学者这样讲：

"如果允许复旦大学单独招生，我的意见是第一堂先考语文，考后就判卷子。不合格的，以下的功课就不要考了。语文你都不行，别的是学不通的。"

这个人是谁？他就是著名的数学家苏步青。苏步青和华罗庚齐名，数学界有"南苏北华"之说。苏步青在微分几何学和计算几何学等方面的研究有突出成就，被誉为"东方第一几何学家"。

就是这样一位世界知名的数学家，却多次谈到语文的重要性。他常说："我从小打好了语文的基础，这对我学习其他学科提供了很大方便。"

苏步青自述中有这样一个故事令我印象深刻。

他在上初中的时候，模仿了《左传》的笔法写了一篇作文，老师觉得很好，将其列为全班第一。但老师又对此将信将疑，总觉得一个初中生，能写出这样高水平的文章，有一点儿奇怪。于是将苏步青叫到办公室，问他这篇文章是否为本人所写。苏步青对老师说，他会背诵《左传》，老师挑选了《左传》中的若干篇章让他背诵，果然能够倒背如流。

要知道，《左传》一共有近二十万字，初中阶段就能背诵下来，实在是非常了不起。对比一下现在的初中生，不要说《左传》，就是课文中的《论语》十二章，一两百字而已，有相当一部分人仍然结结巴巴，语文能学得好才怪。

以上故事可以参见苏步青的《略谈学好语文》一文。

故事二：

有一位名人曾经说过这样一句名言："语文天生重要。"

如果这句话是语文教育家叶圣陶、张志公、吕叔湘等人所说，那一点也不奇怪。因为他们本身就一辈子研究语文，对语文有极深厚的感情，对语文的价值也有极为深入的认知。但偏偏这句话不是这些人所说，这句话出自一位数学家之口，这位数学家就是大名鼎鼎的华罗庚。

说大名鼎鼎，是因为有相当一部分学生从小就要学习奥数，参加华罗庚数学金杯赛之类的竞赛，但除了这个名称之外，他们对华罗庚实在是知之甚少。

华罗庚说："学理科的不学好语文，写出来的东西文理不通，枯燥无味，佶屈聱牙，让人难以看下去，这是不利于交流，不利于事业发展的。"

很多人在初中阶段学过一篇名为《统筹方法》的课文，统筹方法是数学或者工业中特别抽象特别复杂的一门学问。华罗庚却能够用"烧水泡茶"这样一个日常生活中极为常见的例子，将这门复杂抽象的学问讲得通俗易懂。

当今，我们的科技有很大的发展，但与之相比，科普却落后了很多。主要原因不是科研人员对科技本身掌握得不够深入，而是因为他们语文功底太弱，没有能力用通俗易懂的语言把抽象复杂的科技知识给大众讲明白，他们是典型的茶壶里煮饺子——有货倒不出来。

还有一个华罗庚对对联的故事令人印象深刻。

中华人民共和国成立之初，科学院组织一些著名科学家出国考察，由著名物理学家钱三强担任团长。途中闲暇，华罗庚即景生情，出了一个上联"三强韩赵魏"，向团里的其他科学家征求下联。这个上联看似简单，只有五个字，但实则难度不小，不仅包含了历史典故三家分晋，战国七雄之中的韩赵魏均是当时的强国，而且，还巧妙地把团长钱三强的名字融入其中。

结果，无人能够对出，华罗庚亲自对出一个下联："九章勾股弦。"勾股弦说的是勾股定理，这个定理最早在我国的古代数学名著《九章算术》中出现。更妙的是"九章"不仅指的是《九章算术》，当时考察团中还有另外一位团员，著名的物理学家赵九章。这实在是一副绝对，不能不令人为之倾倒。

更多的华罗庚谈语文重要性的内容，可以参见申士昌的文章《华罗庚：语文天生重要》。

故事三：

还有另外一位著名学者在演讲中多次谈道："在学好数学的同时，更不能偏废语文。语文的训练是成为真正学者的第一步。"

循着前面的思路，不难猜出，说这话的学者的身份仍然是一位数学家，他就是蜚声世界的华人数学家丘成桐。

丘成桐是菲尔茨奖的获得者。我们公众更为熟知诺贝尔奖，将其视为自然科学在国际上的最高奖项。但诺贝尔奖又没有数学奖，而菲尔茨奖被誉为数学界的诺贝尔奖。仅从获得这个奖项的分量来看，哪怕是外行人，也能感知丘成桐的数学成就。

但就是这样一位世界知名的数学家，在很多不同的场合，谈及他的学问历程时，反反复复地说到早年的中国传统文化对他的熏陶和影响。他甚至谈到正是因为人文教育的缺失，让中国数学家难以实现创新。

我们的中小学要进行全科教育，很多大学也要学习西方的大学，进行通识教育，或者说博雅教育，其重要原因就是很多发明发现要从学科的不断交叉碰撞中产生。但很遗憾，我们现在的教育，因为急功近利的原因，过于强调专精，而不强调博学是专精之基础，丘成桐的观点特别值得我们反思。

丘成桐谈及语文和人文素养的重要性的相关内容，可以参见他的演讲《为学与做人》。

讲完这三个故事之后，我对学生这样说："我这样讲，绝不是借了他人之口，夸我自己的瓜如何香甜，夸我自己的学科如何重要。更不是要告诉你们学好语文最重要，其他的都不重要。

"事实上，科技与人文，科技与艺术，是一枚硬币的两面，少了哪一面都不行。稍稍放开视界，你就不难发现，很多高端论坛，科学家、艺术家、人文学者等，都在反复论及科学与人文，科学与艺术的关系。

"如果同学们从小在认知上就把学科与学科对立起来，把学科与学科的学习割裂开来，就很难学得更好，将来也很难取得更大的成就。"

我把这样的道理对学生讲，其实我更想把这样的道理对我的同行讲。因为这是关乎学生全面发展的大问题。

唐代诗人杨敬之在《赠项斯》一诗中说："几度见诗诗总好，及观标格过于诗。平生不解藏人善，到处逢人说项斯。"

不同学科的老师，也应该多聚在一起交流一下，发现彼此学科的价值，也能够"平生不解藏人善，到处逢人说项斯"，这有助于学生的全面发展，是对学生的未来负责任的教育态度和教育行为。

把学科之间彼此割裂开来，尤其是完全无视学生的全面发展的需要，为了各自学科的短期利益，争抢时间，贬低对方价值的行为，是反教育的行为，必将贻害无穷。

老师不能沦为多媒体的奴隶

"要讲××课了，你那里有这一课的PPT吗？分享一下给我。"某老师问同事。

"下周要做公开课，PPT还没有完全做好，到时候没有PPT肯定不行吧。"某老师很担忧。

"教室多媒体坏了，请维修人员速来，要不然没法上课了。"某老师急得有一点儿像热锅上的蚂蚁。

这样的情形，在学校里是不是非常常见？是的，非常常见，这样的对话每一天都在发生。

那么，二十年或者三十年前的老师，二十年或者三十年前的课堂，又是怎样的呢？那时候的老师，那时候的课堂，通常只要有一支粉笔，有一块黑板，老师就足可以上课了。

二三十年，转眼间，上课的装备迅速升级换代：从幻灯片投影到实物投影，从幕布到大屏幕电视，从台式机到笔记本，从U盘到云端。不只是大城市的学校，连乡村的一些中小学，也都有了这样的配置。

硬件升级了，然后呢？从最初号召使用多媒体上课，到后来要求使用多媒体上课，到今天，不夸张地说，有相当一部分老师，离开了多媒体就不知道怎么上课了。

使用多媒体、PPT，固然有很多便利的地方，谁用谁知道，毋庸我多言。但是，在这便利的背后，也隐藏了很多弊端，会对学生的成长造成不利影响。

下面，就我所思考的多媒体的弊端有哪些，简单说一说。

第一，多媒体可能会固化教学节奏。

利用多媒体上课，常常是单线程的，单向度的，有基本固定的顺序。我们常常会发现使用多媒体的老师在讲课时，基本上要照着已经设计好的课件顺序来讲，而不太能够关注到课堂上随时随地发生的变化，更不用说把这些变化实时地接入到授课中来。

这种固化的教学节奏，只是按照老师既定的思路进行，固然老师在备课时会考虑到学情问题，但学情并不是一成不变的，在课堂上会有很多突如其来的状况，固化教学节奏会妨碍学生思维的发展与变化。

第二，多媒体可能会影响师生的互动。

教育教学的过程，本质上应该是一个师生互动的过程。课堂上，师生面对面交流互动，碰撞出火花，达成教学相长的效果。但是，使用多媒体、PPT 时，会让师生双方把更多的注意力聚焦在多媒体和 PPT 上。在一定程度上，这个多媒体和 PPT 就像是一堵无形的墙，阻碍了师生之间的互动交流。

事实上，老师和学生在互动过程中的每一个微表情、每一个微动作，都是难得的课堂资源。大家把注意力都盯在多媒体和 PPT 上，浪费了师生本有的丰富资源，实在可惜。

第三，多媒体可能会限制课堂的生成。

课堂不是老师单向地一股脑地把知识抛给学生就行，而是在师生互动过程中的一种生成，而这种生成，是师生互动的结果，是多重思维的碰撞，而在多媒体课件设计时，常常已经有固定的甚至是唯一的结论。

我们常常注意到在一些公开课上，学生明明已经回答得很到位了，但老师还要引导再引导，非要说出某个词，得出某个结论来不可。为什么呢？因为 PPT 上正是使用的那个词，正是要展示的那个结论。这样的课堂并不是一个真实的课堂，而是一个被设计甚至被固化的课堂，这样的课堂，学习并未真实发生。

第四，多媒体可能会弱化教师的示范。

课堂是一个老师示范、学生学习的过程。这种示范，不能以多媒体的展示来代替老师的作用。以语文为例，老师把一首诗通过默写的方式将板书展示在黑板上，和通过 PPT 展示出来效果就大不同；老师用朗诵的方式将一首诗抑扬顿挫地读给学生，和通过多媒体播放一个名家朗诵效果就大不同。其他学科也会有类似的情况。

这些都是在潜移默化中的教育，省略耳濡目染的这些过程，看似加快了课堂节奏，扩展了课堂的容量，实则损失更大，因为浪费了太多有效的学习资源。

第五，多媒体可能会束缚学生的想象与思考。

多媒体展示的更多的是具体形象的内容，但在这些具体形象的背后，也隐藏着另外一种危险，那就是更具体更形象的内容，不利于培养和发展学生的想象力。比如，老师讲《桂林山水》一课时，把一幅又一幅图片展示出来，就不如让学生根据文字描述想象那一幅幅美景，正如无论谁饰演林黛玉，都无法完全还原"娴静时如娇花照水，行动处似弱柳扶风"一样。一方面嚷着要培养学生的想象力，另一方面又做着限制学生想象力的事情，这样的左右互搏是不行的。

同时，多媒体的展示，是偏于碎片化的内容，是老师根据自己的学习做出的摘录，并不一定完全与学生的真实学习相吻合，学生也不会根据自己的需要做笔记，代替了学生的真实学习，而且这些碎片化的内容，不利于学生做更为深度的思考。国内外的很多相关研究已经证明了这种危害。

第六，多媒体可能会影响学生的视力。

中小学生的视力问题，是全社会关注的一个焦点，为此国家教育部门也出台了很多相关规定，强调要减少青少年对电子产品的使用，增加户外体育活动时间等。这种减少电子产品使用的限制不应该只是局限在学生在家时，在校的情况也应该考虑在内。

当下，很多学生一整天是在大多数课堂上盯着高亮的显示屏度过的，一方面嚷着要保护学生的视力，另一方面又在课堂上过度使用电子屏幕，这样的左右互搏，最终受伤的仍然是学生。

多媒体固然有很多优势，但是，学校教育不是一般的培训与宣讲。凡事都有两面，既要看到利，也要看到弊，要兴利除弊，不能走极端，过犹不及。老师要慎用多媒体，不能沦为多媒体的奴隶，如果老师一旦沦为多媒体的奴隶，受伤害最大的将是每一位学生。

请不要带着"小喇叭"进课堂

喇叭会在什么样的场景下使用呢？

在我的记忆中，有这样两种最为常见的场景。

"喂、喂、喂，村民们，村民们，注意啦，注意啦……"这是村头广播站的大喇叭。

"一二三四，二二三四，三二三四……"这是学校操场上的大喇叭。

不过，最近注意到一个问题，喇叭开始小型化了。

如果是一个导游，挎着个小喇叭，不断地招呼旅行团的游客不要掉队，强调注意安全，那不算稀奇。

如果是小超市门口，放一个小喇叭，循环播放"两块、两块，所有商品全部两块"，那也不稀奇。

稀奇的是现在老师进课堂越来越多地用上了小型化的喇叭。

如果是阶梯教室，确实因为空间太大，肉嗓子不足以保证每个学生都听到，那用个小喇叭也挺正常的。

如果老师恰好生病了，嗓子非常不舒服，声音发不出来，带病坚持上课，借助小喇叭让学生都能听得到，那也挺正常的。

如果是一节公开课，需要录音录像，老师挂上一个小麦克风，保证录音录像的效果，那也挺正常的。

可是，这些场景都不是，就是一间普普通通的教室，三四十个学生，就是普普通通的一节课，不仅老教师用小喇叭，很多年轻老师也开始用小喇叭。

而且，这个小喇叭，还在不断进化过程中，最初是有线的、肩挂的，后来就变成蓝牙的，直接放在讲桌上就行了。

对此，我很好奇，搜一下购物网站，甚至有卖家专门打出"教师专用款"的广告。这就奇怪了，为什么明明一个普通教室，老师也健健康康的，嗓子也没问题，却偏偏要用喇叭呢？

原来，课堂上总是有学生在"说小话"，一个学生说不怎么明显，几个十几个学生一起说，那"小话"就变成了"大话"了，声音就大起来了。这时候，老师的声音也会不自觉地大起来，想要压过这些学生。但是，一个人的声音强度总是有限的，不太容易压过十几个人。于是，老师开始借助技术手段，用上小喇叭了。

但用上小喇叭就可以了吗？表面上看是可以了，肉嗓子确实大不过扩音器发出来的音量。不过，有没有想过一个基本问题，我们课堂到底要干什么？传道、授业、解惑，在这样的乱哄哄的环境下能做到吗？

不能！菜市场才是这样七嘴八舌的呢，课堂应该有一个最基本的安静的氛围，这样才能有助于学生用心听讲，而不被各种各样的杂音分散注意力。

可能有老师有这样的困惑，有一些学生，实在太不自觉，需要不断提醒他注意听讲，不能随便说话，影响他人。但这样做，实在太影响课程进度，把课堂打成碎片，没法完成教学任务。

于是，只能在还能容忍的情况下，就视而不见、听而不闻地讲下去；实在不成，就要用上小喇叭，要把这些杂音压住。

那持续不断地讲下去，用小喇叭把这些声音压住，勉强完成了教学任务，就可以了吗？课堂效果在哪里？

如果是宣传，用高分贝的喇叭反复"轰炸"，当然可以达到洗脑的效果。但我们是在上课，是在培养能独立思考的人，真正的思维，不可能在这样的嘈杂环境中培养出来。

那我们该怎么办呢？我的意见是，反其道而行之。学生的声音越大，老师的声音就应该越小，甚至停下来不讲。

老师不要心急，不要拍巴掌，不要敲桌子，也不要放大嗓门来提醒，更不要试图用小喇叭压住这些声音。老师只要耐下心来，静静地等待就好。直到每个学生都安静下来，再开始讲课就可以了。

那如果学生迟迟安静不下来怎么办？没关系，继续等，什么时候安静下来，什么时候再讲。不要担心耽误了课程进度完不成怎么办，勉勉强强地上下来，还不如不上。

"选择性耳聋"，不是生理的原因，而是心理的原因。有的学生上课铃听不到，但是下课铃听得真真的。这样的学生，我们不能尝试着用提高声音分贝的方式让他听到，而要尝试着从"心"里解决问题，要让他的"心"能听到才行。

老师要有耐心等待，这个等待本身也是一种教育，老师要有这个定力。如果每一个老师，都能形成这样一种共识，都能采取同一个标准，那就是"课堂上只能有一个声音"：老师讲话的时候，学生不讲，学生回答问题的时候，老师也要耐心倾听，慢慢自然习惯成自然。

老师用小喇叭，试图用更高的声音压过学生，有没有考虑过坐在讲台附近的学生的感受呢？如果声音太大，长年累月，把耳朵震坏了怎么办？

老师用小喇叭，在师生的互动过程中，自然就站在强势的地位，老师有扩音器，学生没有，那么，必然会造成互动不畅。

老师用小喇叭，并没有让上课不专心听讲，扰乱课堂纪律的学生能认真听讲，更没有为想认真听讲的学生营造一个良好的听讲环境，把声音不断提高起来，只是治标不治本。

老师用小喇叭，可能在一定程度上解决了自己一个人把课能相对顺利地上下去的问题。但是，学生声音一大，老师声音更大，老师声音大起来，学生就更肆无忌惮地说话，这样的坏习惯慢慢养成，对不用喇叭上课的老师来说，是一种无形的损害。

小喇叭的危害可能不止于以上我所罗列的这些。

听到，不是声音有多大，而是要用心。这应该成为一种共识。老师说话声音要低下来，要慢下来，学生要静下来，这才是课堂上应有的氛围，这才是教育。

每一所学校，都有必要在使用小喇叭方面，出台一些明确的细则。这看似是小事，背后却涉及教育理念的问题，绝不单纯是教师个人自由选择的问题。

作业必须全批全改吗

"全批全改"算是教育领域的一个常用缩略语。可以说，但凡当老师，没有人不知道"全批全改"是什么意思的。尤其近年来，这个缩略语在学校教育中更为流行，甚至成为对老师的一个硬性要求。

为了让其他领域的读者弄清楚，有必要解释一下什么是"全批全改"。简单来说，就是要求老师要对全体学生的作业全部做出批改，不能有任何遗漏，既不能只批改某一部分学生的作业，也不能只批改作业的某一部分。

可能有人会问，老师批改学生的作业，是天然的职责所在，难道老师不该批改作业吗？这"全批全改"有什么问题吗？

要回答这个有没有问题，我们不妨先看看对老师如何批改作业的相关规定。限于篇幅，我只选择最近的、最权威的一条规定。

2019 年 6 月，中共中央、国务院发布《关于深化教育教学改革全面提高义务教育质量的意见》，其中明确要求杜绝将学生作业变成家长作业或要求家长检查批改作业。教师要认真批改作业，强化面批讲解，及时做好反馈。

在这个规定中，关于作业，没有任何"全批全改"的字眼，但这个规定在具体执行过程中，在某些地区、某些学校，"全批全改"就成了红头文件中标明的字眼，或者是"一刀切"的硬性要求。

在某些地区，某些学校，或者某些教育管理者看来，全批全改才是教师认真负责的表现。如果不能全批全改，就是不认真负责。能把全批全改和认真负责这样简单地画等号吗？

作业的本质是什么？作业是师生之间的一种互动形式，这种互动主要是要了解学生的学习状态，从而达到督促学生努力学习，提升学业水平的目的。

但是，全批全改就一定能达成这个目的吗？

比如，老师布置一篇作文，收上来之后，全批全改，再认认真真写上评语，大约平均每一份作文需要五分钟。假如一个班有 40 名同学，就需要 200 分钟，3 个多小时；如果一个老师教两个班，就差不多六七个小时，相当于一天的工作量。

老师辛苦地全批全改，认真写评语。可是，作文发下去之后，到很多学生那里，常常只是看一眼分数，简单浏览一下评语，就扔在一边了。学生的作文水平并没有因为老师的全批全改而得到明显提升。

如果换一种形式，不是教师全批全改，而是教师快速浏览每一份作文，发现学生存在的共性问题，在班级中做整体的作文指导，然后要求学生互批互改，乃至自批自改，发现问题，最后要求学生主动找老师来做有针对性的批改，效果是不是要比全批全改更好呢？

学生之间的批改，学生的自我批改，也是一种能力的提升。如果老师全批全改，包办代替，实际上是取消了学生通过这种途径提升的可能。

再说某些简单的作业。比如，选择题，只要填 ABCD，或者是填空题，只要填某个词语，或者默写某个诗句，那是不是也需要老师全批全改呢？

经常看到老师在这类作业上面"奋笔疾书"，一个钩一个叉地一刻不停地画下来。那种感觉像极了电影《摩登时代》里卓别林在不停地拧螺丝。

这些批改，其实完全可以由学生自己完成。老师全批全改不但浪费时间，浪费生命，还会造成学生严重的依赖心理。

老师要有窥一斑而知全豹的本领，要通过研究若干学生的问题，明白学生的难点之所在，把这个点讲清楚讲明白。而不是批改了一通，花费了很多时间，依然讲不清楚，讲不明白，没办法帮助学生在那个难点上实现突破。

一方面口口声声强调学生是学习的主体，另一方面却背着抱着，推着赶着，这不是严重的左右互搏吗？学生是学习的主人，结果把"主人"变成了"主子"，老师变成了"奴仆"。"皇帝不急太监急"，学生怎么可能学得更好呢？

针对不同学科，不同年级，乃至作业的不同类型，应该有不同的应对策略，有的可以全批全改，有的可以半批半改；有的需要老师改，有的则需要学生互改或者自评。不能也不该一刀切要求全批全改，这样的要求既机械，又愚蠢。

好钢要用在刀刃上。老师的时间要更多用在研究教学、研究教材、研究考试、研究学生等更重要的事情上，而不是用在机械地批改作业上，让老师沦为生产线上机械操作不需动脑的工人。

不是不批改作业，而是要认真思考，精心备课，了解学生，分类指导，因材施教。老师不能看似勤奋，实则懒惰。不能看似忙碌拼命，实则效率低下。

如果有一天，AI能解决很多批改作业的问题，那些只知道忙忙碌碌批改作业的老师，是不是也会像某些行业的员工一样被迅速替代呢？

不会被替代的老师会是什么样的呢？我想应该是给学生指出探究的方向，提供一些有针对性的资源支撑，给予适时的恰到好处的鼓励，这些都是AI可能暂时做不了的事情。

有时候教师在教学中不妨"拙"一点、"懒"一些，这样，学生才能有思考的空间，才更符合教育规律。教师不仅要在课堂上"拙"一点，课下也应该"懒"一些。这样才有助于发挥学生的主观能动性，作业批改就是其中的重要一环。

教育最重要的是要引导学生动脑，而不是简单地动手。要想更好地引导学生动脑，老师自己要先动脑。"专注"于"动手"的老师，无法引导学生更好地动脑。

莫让"假期"变"学期"

假期余额已经非常有限，过了这个周末，全国各地的绝大多数中小学生就要迎来新学期开学了。

这个周末，一定有很多学生开启了熬夜狂补作业模式，那真是"三更灯火五更鸡，正是狂补作业时"。

最近，我偶然看到某地区发布的一份开学通知，通知中明确："全区中小学寒假作业不做硬性规定必须完成，对有困难或尚未完成的学生，允许开学后在教师指导或同伴互助下延期完成。"

关于寒假作业，这份通知在语言表述上很有意思。一方面强调不做硬性规定必须完成，另一方面又补充说明允许延期完成。那到底是不必须完成呢，还是必须完成呢？

如果要延期，那要延期多久呢？如果寒假作业不能在寒假完成，那还能叫寒假作业吗？如果延期了，也不能完成，那又该怎么办呢？

还真不能细琢磨，感觉越琢磨越尴尬。不仅仅这份通知令人尴尬，其实假期作业本身就令人尴尬。

我能理解这份通知的良苦用心，担心老师过度催促寒假作业，会导致学生开学恐惧症加剧，甚至因此出现这样那样不可控的问题。

但这充其量只是亡羊补牢而已，凡事应该从根子上去思考，去解决，老师真应该好好思考一下假期作业的问题。

现在每逢寒暑假，甚至是小长假，老师和家长们首先想到的不是放假，而是想着如何给学生（孩子）布置作业的问题，很担心在假期把功课落下了，甚至还要幻想一下怎么利用假期弯道超车。

于是乎，这个科目布置一些作业，那个科目布置一些作业，每个科目的老师都觉得布置得不算多，但加起来就不少了；再加上家长给增加的若干任务。学生的假期就不再是假期，而是扎扎实实地变成了第三个学期，有些学生甚至假期比平时上课还要忙。

布置这么多作业真的有用吗？

可能会有老师和家长觉得，如果不给学生（孩子）布置作业，那么，很可能到了假期他就抱着手机看视频，或者抱着电脑玩游戏了。虽然也觉得布置那么多作业不太好，甚至也知道因为压得过狠，很可能会让学生（孩子）更厌学，但是，两害相权取其轻，还是布置了，觉得能学一点儿总比不学要强。

法国著名启蒙思想家卢梭说："误用光阴比虚掷光阴损失更大，教育错了的儿童比未受教育的儿童离智慧更远。"

关于假期作业的吐槽，网络上随处可见，可以说不胜枚举。有作业总量过大的问题，有作业质量堪忧的问题，也有抄写等机械作业偏多的问题，还有所谓创意类的作业没办法落实的问题，等等。

为了应付这些作业，就催生了诸如代写作业、代写机器人等新兴"产业"，甚至家长也被裹挟进来，不得不在一定程度上代替学生完成作业。

学生就这样在忙忙碌碌中度过了一个假期，那这些忙忙碌碌中对付着、凑合着交上来的作业又面临怎样的命运呢？

很大可能是学生写一个月，老师写一个"阅"。

老师如果不是仅仅写一个"阅"字，只关注一下数量上是否完成，而是一个又一个题认认真真地看，不可以吗？还真做不到。学生写了一个多月，几十页的内容，每个老师要面对几十上百个学生，加起来要有几千页的作业，老师还真忙不过来。

可是，当学生写一个月，老师写一个"阅"，好像学生和老师最终都完成了任务，但假期作业的效果在哪里呢？

假期作业，可以说已经沦为鸡肋，食之无味，弃之可惜。但为什么又有那么多人抱着不肯撒手呢？归根结底是教育观念、教育思想的问题。

不能让假期变成第三个学期，假期要回归假期，要以放松休息为主。文武之道，一张一弛，长期高强度的学习，非但不能提高效率，收获更多，反而会降低效率，甚至让学生产生强烈的厌倦情绪，最终得不偿失。

不要把学习定义得太狭隘，要放宽学习的定义。不是只有埋头完成作业才是学习，不是只有学习语数外，史地政理化生才是学习。读万卷书是学习，行万里路也是学习。学习一门生存的技能，掌握一些生活的常识，这些都是在学习。

一旦这样一些教育观念，教育思想从根子上想清楚了，弄明白了，那么，假期作业布置还是不布置，如果布置，布置多少，布置什么内容，都不会再是一个问题。

后记一：我喜欢的语文课

刘齐

如果现在还有回到初中时代的理由，对我来说，可能就是语文课和水寒老师。

我属于上课看闲书那类学生，脑袋里塞满了异想天开，令几任数理化老师都连连摇头。初中时，我甚至觉得眼前的读书考试像炒股，短期持有、快速抛售，最终也学不到什么东西，曾在课堂上看闲书以示不满。水寒老师头次来上语文课，我装模作样拿一本《贞观政要》，如看流水落花，主要取一个意头。《贞观政要》所授内容，也像流水落花，没留什么痕迹。相反，水寒老师的语文课更有意思。

我当时看书杂，品质参差，如《闲情偶寄》、老庄、张爱玲，也有不少畅销的大众图书。我数度和水寒老师分享我看过的这些书，交流阅读心得。对于我这个五花八门的书单，水寒老师除作一些推荐之外，始终没说什么。后来我看了水寒老师推荐的中外经典，渐渐看得出书的好坏，对于自己那个五花八门的书单中一些不入流的书目，觉得很丢脸。数年后我读到毛姆的一句话："年长者最大的修养，是抑制住批评年轻人的欲望。"那些"为赋新词强说愁"的年纪，我们每个人都有；然而能够遇到一位老师，不去随便否定这些稚嫩喜好，而是慢慢等一个小孩长大，那是很幸运的。

我喜欢上语文课，主要是因为喜欢水寒老师的教法。他先在黑板上写一首诗，或一句文言文，再就此延展开去，讲到另一首诗、另一则故事、另一个人——好像揪住一个绳结，就此从水里提出一大张亮晶晶的网。这种讲法，让坐在台下的我觉得很兴奋，精神上变成小飞侠，在五千年的文字里纵横来去。多年后我渐渐发觉那种网状知识结构的好处：理科要求纵向思维，文科则要求横向思维，读书、做学问，就是要寻找前后左右的脉络勾连。上大学后，我对艺术史、人类学、考古学颇感兴趣，读这些领域的作品时，依然能从水寒老师的课里受益。

水寒老师有时会和学生互动，问一些名句是谁写的、什么时候写的，诸如此类。我为了能在讲台下接住这个茬儿，可谓煞费苦心，看了数倍多的"闲书"；有时候慢了一拍，没有接上下茬，私底下就捶胸顿足。我甚至因为语文课上得太兴奋，被同学们嘲笑了很久，一度觉得别扭。去年我的初中同学来费城做交换生，见面时她依然说起："就你，上语文课跟过节似的！"如今，我泰然承认。诸多学校希望能让学生喜欢上课，教育学者渴盼学生有求知欲、好奇心，我有幸保留了这种喜欢与好奇，走进课堂像去玩儿，学到点什么的时候，好像精神上吃到了美食，觉得餍足。如果我还能在上学中找到一点乐趣，那都是拜水寒老师的语文课所赐。

时隔六年，水寒老师具体教过的那些语文课，大多数我已经记不清了。然而我至今记得一节课——时值深冬，下了大雪，天色昏黄，教室里暖气充足，有铁锈和干燥困倦的气味。水寒老师在黑板上写了两句咏雪诗："黄狗身上白，白狗身上肿"；"板凳当柴烧，吓得床儿怕"。两句诗分别是张打油和陆诗伯写的，作者甚至都不是两个有名有姓的诗人，大概率是窘迫的书生，写一点打油诗以调剂寒苦的生活。那种冬季里带着油汗的笑容，以与《诗三百》迥异的面貌传到现在的冬日，窗外的雪花与数百年前的雪花重合了。那一瞬间恍惚的感觉，就可称之为灵犀。

水寒老师是一个认真的语文老师。他讲《论语》，不是当知识点讲，是真希望你知行合一，听了去做君子的；他教语文，也是希望学生可以透过文字，触摸到一点文化的根脉。但事实是：并非所有同学都那么喜欢水寒老师。一方面中考将近，做与考试不相干的事情都是浪费时间；另一方面，水寒老师讲课、教书有点太较真了。在这种浮躁的情况下，水寒老师的认真就显得一根筋，有点可笑。

是那样的吗？"人会对善良和美好的事物发笑，这仅仅是由于轻率。"（语出《卡拉马佐夫兄弟》）在浮躁里泡久了，腌入了味儿，只会渐渐成为一个轻率的人，顺水漂流……我有段时间做噩梦，梦见拿着竹篮子在水边走，捞上来篮底空空。这难道比成为一个较真的、可笑的人要好吗？

教书，就是传道、授业、解惑。我曾有幸经水寒老师授业、解惑，而水寒老师所传的道，是将长伴我左右，并且将要影响我一生的。那个道，就是"不要太漠然"。有一些知识值得去捡拾，有一些事情值得去较真，有一些话值得反复去说。遇到月亮要知道赏玩，遇到清风要知道举起胳膊。遇到不幸，如果不能相助，至少要知道怜悯；遇到不公，如果不能仗义执言，至少不要落井下石。

归根结底，语文讲的不过是：通过切身的文字体验，试图成为更快乐的、更正直的、更好的人。

水寒老师要出第一本书的时候，我就觉得是一件莫大的好事，我上得那么兴奋的语文课，如今拿出来分享，独乐乐不如众乐乐嘛！如今出了第二本书，就更好了。第一本书是讲语文教育之"道"，从大处谈。这一本是讲语文教育之"法"，从细微处、实践处谈。道法相结合，就能有更多人和我一样，幸福地当水寒老师的学生。

祝大家学语文快乐！

2023 年 8 月

后记二

这本书是继《减法教育》之后，我的第二本书。与《减法教育》一样，两本书都是我的公众号"水寒说语文"中原创文章的摘编。不同点是前一本书偏重于从整体谈教育教学的理念，这一本书则偏重于记录我对语文教学的思考与实践。

在整理这些文章时，发现了之前写单篇公众号文章时不曾注意到的情形。有些话在不同的文章中反复出现。比如，宋代理学家朱熹这段话在这本书中出现了五次之多。

> 凡读书，须要读得字字响亮，不可误一字，不可少一字，不可多一字，不可倒一字，不可牵强暗记，只是要多诵数遍，自然上口，久远不忘。古人云，"读书百遍，其义自见"。谓读得熟，则不待解说，自晓其义也。

"既知其然，又知其所以然"这样的话，也出现了十几次。按理说，在一本书中，不应该有这样多的重复，给人感觉好像是缺乏统筹协调，编排不太用心似的。但换一个角度看，这正是我这本书的"不作伪"的证明。这本书不是奉旨填词，为了跟一个什么风，基于一个什么背景而写，亦不是先想出一个理念，搭一个框架，然后匆忙完成的急就章。这本书是若干年来，我在语文教育教学方面最真实的实践，最真切的思考。

这些反复出现的表达，正是我在日常教育教学中不断落实的内容，也可以说是我在教育教学方面的终极追求。那这些终极追求到底是什么呢？细想来，无非是回归语文教学的一些基本常识而已。朱熹的话是关于读书的最经典表达，是关于读书的常识。"既知其然，又知其所以然"，更是教育教学中应该达成的基本目标。

今天，有些教育教学常识蒙尘既久，再谈论这些常识，践行这些常识，甚至会被视为另类，但遵循并践行这些常识才是正道。在某些人看来，"守正创新"不再是一个并列关系的词语，谈"守正"是老土，谈"创新"才时髦。不过，我愿用我的思考和实践来证明，常识无价！

于晓冰